山中峠の大仏（志賀の大仏）

栃ノ木峠の栃ノ木と福井県側を望む

岩間峠（醍醐越）

根来峠（針畑越）

八風峠の頂上付近

栗柄越と峠を見守る石仏

木地山峠の頂上付近

花折峠

御斎峠から伊賀方面を望む

五僧峠（島津越）

鈴鹿峠の万人講の常夜灯

淡海文庫39

近江の峠道

—その歴史と文化—

木村至宏 編著

サンライズ出版

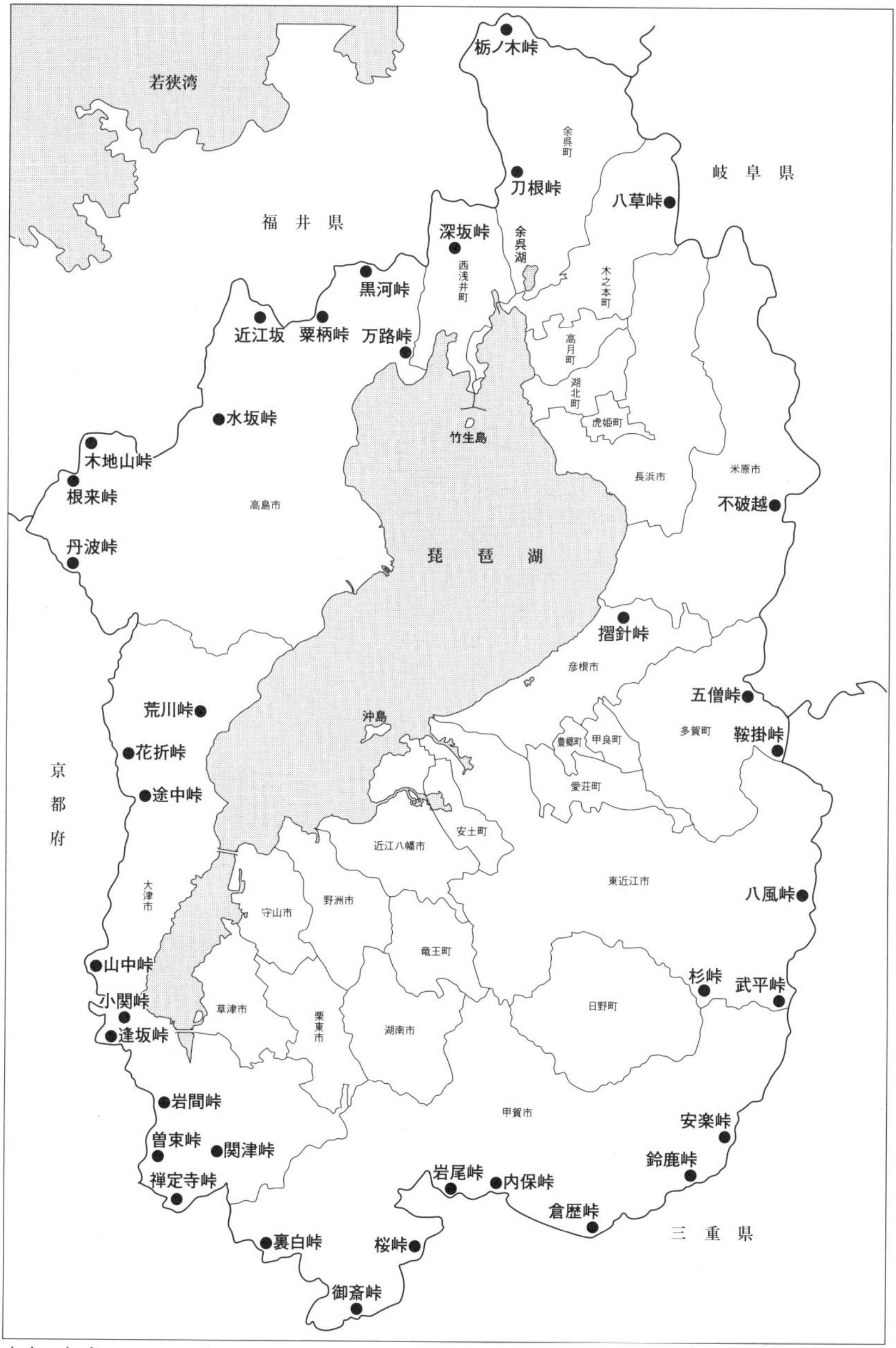

本書で紹介している滋賀県の峠

目次

峠と文化

日本の面積の六〇パーセント以上は山林で占められているという。それに比例して山と山の鞍部に位置する峠も当然多く発達している。『百科辞典』によると、日本のおもな峠は全国で三〇八八カ所をみることができる。そのうち最も数の多い府県は、周りを山に囲まれた長野県の一八〇カ所の峠である。

峠は、山の坂道を登りつめたところにあり、山の上りから下りにかかる境目にあたる。その意味からいえば、峠の字体ほど峠の具体的な形状を表現したものはない。峠といえば、一種独特の言葉の響きを感じさせる。峠道をあえぎながら登りつめた峠の向こうには、どのような風景が広がっているのだろうか、峠を越えることで一つの目的地に近づくなど、峠を往来する人々に峠はあらゆる期待感をもたせてくれるところだ。情報量が少なく、歩くことが主体であった時代にはなおさらであろう。

峠は、もともと手向《たむ》けの語源であるといわれる。そして峠は山を越えて行く坂道の上にある。峠には道の神にあたる道祖神・地蔵尊がまつられ、道を往来する人々がそれに手向けて道中安全を祈るところでもあった。中部・関東には峠に道祖神・馬頭観音像を数多くみることができるが、関西では道祖神は希有で道の神として地蔵尊が安置されているところが多い。峠の道の神には、往来安全を祈るいっぽう、外部からのいろんなわざわいの侵入をふせぐ祈りもこめられていた。古代には、疫病を流行させる疫神の侵入をふせぐことを目的に、四角四堺祭《しかくしかい》とよばれる祭があった。天暦六年(九五二)には、疫神の平安京への侵入をはばむために合坂(逢坂)峠で、その祭が行われている。峠が重要な場所として考えられていた一例といえるだろう。

峠は、古くから河川と同じように県境・市町村の境をはじめとして自然の境界や、地域を区別する機能を有していた。現在も峠を境にして、行政区画を異にしているところを数多くみることができる。

また、戦国時代においては、峠が軍事上政略の拠点、防禦地といった両軍にとって一つの生命線ともなっていた。全国の峠のなかで古代・中世・近世の戦乱にまつわる文献や伝承が多く残されているのもそのためである。

峠は、川の流れを分ける分水嶺という自然状況の境界にもなっている。そして、高い峠の向かい側には、異なった風景・地域などがあると認識されてきた。現に峠に立つと、それまでと全く異なった景観をみせるところもある。歩くことが主体であった時代には、峠の存在がいろんな意味でより大きかったことと推測できる。

ところで、道は地域と地域を結ぶ重要な機能をになっていた。道が通っていることによって人の往来、物資の流通が図られてきたことは記すまでもない。江戸時代に道を往来する場合には一里塚、並木、石造道標、橋、寺院、神社、祠、森、石碑などとともに峠も大きな目印（目標）の一つであった。その中で峠は峠道として上り下りがあるために、最も大きな目印になっていたと考えられる。

　ちなみに、江戸時代の代表的な街道の一つ中山道を例にとってみよう。中山道は、日本の中で山脈が重畳する中部山岳地帯を通っているために多くの峠がみられる。起点の江戸から草津までのおもな峠として碓水《うすい》峠・笠取峠・和田峠・塩尻峠・鳥居峠・十曲《じっきょく》峠・琵琶峠・摺針《すりはり》峠などがある。

　これらの峠を数年かけて本書の執筆者とともに踏査・通行をしたが、碓水・和田・鳥居の各峠は難所であることを改めて実感した。各峠にはそれぞれ歴史・伝承などが残されている場合が多いことを改めて知った。そして詩歌・名所図会・紀行・名所記・文字作品にも数多く登場している。なかでも中山道旧奈良井宿と旧藪原宿の間にあり、標高一一九七メートルの鳥居峠はけわしく長い峠である。

　この峠は古くは「県坂」とよばれ、日本海へ注ぐ信濃川と伊勢湾へと注ぐ木曾川との分水嶺にあたる。鳥居峠の地名は、峠から西方に遠望できる木曾岳の御嶽大権現の鳥居を峠に建てたことによるという。その峠には、貞享五年（一

右手が長野県側からの鳥居峠への峠道

六八八）俳人の松尾芭蕉が通り「雲雀よりうへにやすらふ嶺《とうげ》かな」の句をはじめ、儒学者貝原益軒の『木曾路之記』・安藤（歌川）広重の『木曾海道六拾九次』や、菊池寛の小説『恩讐の彼方に』の峠における悲劇の舞台ともなっている。これらはその一端であるが各峠には、秘められた事柄や先人たちの往来を多くの資料から看取することができる。

近江の峠道

近江は、真中に琵琶湖を有し、その周囲を美しい山なみに囲まれた典型的な盆地を形成している。周りには田上・金勝・笠置・鈴鹿・伊吹・野坂・比良・比叡・長等・音羽・岩間などの各山なみがとり囲む。

そして、近江は地形的に東日本と西日本の結節点にあたる位置にある。その

近江と京都を結ぶ仰木峠の峠道

ために古代から日本を代表する東海道・東山道（のちの中山道）・北陸道（のちの北国海道）をはじめ、大小の主要な道が交錯する交通の要所である。

近江の周囲は、山城（京都）、伊賀・伊勢（三重）、美濃（岐阜）、越前・若狭（福井）と接し、ほとんど山によって境界を形成している。山々との鞍部を通る道の発達によって、近江には多くの峠をみることができる。その峠の形成によって、早くから両国（府県）の人・物の交流が行われてきたのである。本書では峠の言葉で統一したが、峠を越えるところから○○越とよばれているところも多い。峠も越も総体的な意味では変わらない。

近江の峠については、いままでに江戸時代の享保十九年（一七三四）編さんの『近江輿地志略』には四十六カ所、昭和四十七年（一九七二）伏木《ふしき》貞三氏の『近江の峠』に六十六カ所がそれぞれ紹介されている。これからも峠道は、前述したいずれの府県へ放射線状に伸びて存在していることがわかる。

そして、近江の峠道は、古代から地域と地域を結ぶ交通ルートとして位置付けられている。主要な峠道は、開削工事、道の拡幅工事あるいはトンネル工事、

さらには旧峠道のバイパスが行われたケースが多く見受けられた。そのために
かつての峠道の様相が大きく変わった峠もみられる。しかし、峠のもつ機能は
縮小されているけれども、いまだ各地域にとって重要な役割を果たしていると
いえるだろう。

本書では、近江の峠への案内だけでなく、その峠がどのような特徴をもった
峠なのか、地域の歴史と文化の構築にどのようにかかわってきたかに焦点をあ
てて取りあげたつもりである。

近江の峠道として三十八カ所を取りあげたが、峠のもつ特徴は大きく三つに
分けることができよう。一つ目は日本を代表する道が通ずる峠である。たとえ
ば東海道（国道一号）の逢坂峠・鈴鹿峠、中山道（国道八号・国道二一号）の
摺針峠・不破峠、北国街道（国道三六五号）の栃ノ木峠などがあげられる。摺
針峠をのぞいて各峠は、近代以降峠道の拡幅・車道化もしくは開削工事が行わ
れてはいるが、古代から現在に至るまで近江の歴史と文化に影響を及ぼしてき
た。

二つ目には、近江における主要街道と位置付けされている道の峠だ。ちなみに宇治街道の禅定寺峠、伊賀街道の御斎《おとぎ》峠・桜峠、若狭街道の花折峠・途中峠、塩津街道の深坂峠などがあげられるだろう。

三つ目は、二つ目と比べて比較的小規模で地域と地域を結ぶ峠であるが、この範ちゅうに入る峠が最も多いといえる。たとえば比叡山系の仰木峠・山中峠、長等山系の小関峠、笠置山系の裏白峠・内保峠、鈴鹿山系の鞍掛峠、伊吹山系の八草峠、野坂山地の根来峠・木地山峠などがあげられよう。これらは近江の主要街道から派生した間道的色彩をもった道の峠で、地域の人々の営みの中で重要な役割を果たしてきたといってもよいだろう。また、近江と山城を結ぶ峠のなかに西国三十三所観音霊場として観音信仰に因むものもある。たとえば、小関峠は三井寺から次の札所の今熊野観音寺へ、岩間峠は石山寺・岩間寺（正法寺）から上醍醐寺へと巡礼する人たちが、往来する道筋として用いられていた。

また、峠の中には福井県小浜市上根来と高島市朽木木地山を結ぶ木地山峠や京都市左京区久多と朽木桑原を結ぶ丹波峠のように、集落の過疎化が進み、往来する人が少なくなり廃道化が進んだ道もある。近年地元で登山道の整備が行われ峠道が復元したところもある。なかには多賀町八重練と岐阜県大垣市上石津町時山を結ぶ五僧峠は、現在その峠への道筋にあった杉・保月・五僧の村が廃村となり、ほとんど通る人もない。かつての峠の果たした役割が失われつつある。近い将来新たに道を拡幅する計画もあるが、峠を介して交わされた文化交流が途絶えているのは残念なことである。

それはともかく、近江は古代から交通の要衝の地に位置し、交通網が発展して「道の国」の様相を呈していることについては論をまたない。この道の発達にともない、近江をとりまく山々に峠道ができたのである。道の成立は、ある程度比定できるが、いずれの峠もいつごろできたかは不明である。しかし、峠の成立も道の発達と不即不離の関係からおおよその推測はできるであろう。その意味からいえば、近江の数多くの峠の存在が道の国であることを証明しているといってよい。

峠の所在によって、地域の人々の営みに大きく貢献し、さらに峠は近江の歴史と文化の構築の一つの因子となっているといえる。本書によって、近江の峠の原像を知っていただく一助になれば執筆者望外の喜びである。

逢坂峠《おうさか》

逢坂峠は、近江国と山城国の国境を総称して逢坂とよばれ、相坂・合坂の字で表現されてきた。狭義では近江と京都を結ぶ交通の要所である。広義でいえば西国と東国・北国をつなぐところに位置している。

標高約一六〇メートルの逢坂峠には、日本を代表する旧東海道が通るため、その歴史的価値は高い。まして、平安京が京都に遷都されて以降その重要度は増したのである。それを背景に古代から、軍事上の目的から「剗《さん》」とよばれる交通規制のための施設が設置されていた。また、天安元年（八五七）には、平安京の守備のため龍華《りゅうげ》・大石《おおいし》とともに逢坂の関が設けられたほどである。

逢坂峠は、地形的な特徴から畿内（大和・山城・河内・和泉・摂津）の北限（境）に位置付けられていた。平安時代には、人とともにやってくる疫病を流行させる疫神が平安京に入るのをくい止めるために、四角四堺祭の行事が逢坂峠で実施されている。

逢坂峠は、前述のように早くから交通の要所だけに、歌集・物語・紀行文などに数多く登場している。ちなみに、奈良時代の『万葉集』に

相坂を打出でて見れば近江の海　白木綿《しらゆふ》花に波立ち渡る

という歌がある。これは逢坂峠を越えてみると、眼前に近江の海（琵琶湖）が大きく開けて、白い木綿の花のように一面に真白い波が立っているという意味だろう。現在では周囲の状況が大きく変化しているが、峠を越えた付近から建物の間に湖を少し見ることができる。『万葉集』にはこれを含めて逢坂峠付近にちなむ歌が三首ある。平安時代の『古今和歌集』に蝉丸の

これやこのゆくもかえるも別れては　知るも知らぬも逢坂の関

逢坂峠頂上・右側旧東海道、左が国道１号

はよく知られている。

また、紀行文の『海道記』『東関紀行』『更級日記《さらしな》』などにも逢坂峠の通行の状況が綴られている。少し年代がくだるが茶人で代官でもあった小堀政一（遠州）が、元和七年（一六二一）江戸から京都への帰途のとき、「逢坂の関にかかる、関山の紅葉ひときわ勝れ、少時ながめたり」と書いている。

文学作品とともに逢坂峠は、絵巻物にも描かれる。たとえば鎌倉時代の『一遍上人絵伝』には、逢坂峠近くの関寺での念仏踊や米俵を積んだ車借・馬借が描かれている。また、同時代の『石山寺縁起絵』には、関所らしい棚や小屋や米荷駄を積んだ馬借の姿が描かれ、当時の峠の通行ぶりの一端をうかがうことができる。

ところで、戦国時代に入って織田信長は、道路の整備に力を入れ、逢坂峠の開削工事も手がけたことが、来日していた宣教師ルイス・フロイスの記述からも推測できる。そして、信長のあとを継いだ豊臣秀吉は、いままでの経済流通のおもなルートであった坂本浦―山中越―京都のラインから、大津浦―逢坂峠―京都・伏見・大坂のルートに変更をしたのである。これによって逢坂峠の重

峠道に残る江戸時代後期の逢坂常夜灯

要性が倍加したことになった。

その流れを受けて江戸時代には、北国・湖辺の諸物資の多くが大津浦に集荷された。その大部分は逢坂峠を通じて京都へ輸送されたのである。寛政～安政期（一七八九～一八六〇）には、毎年平均六〇万俵の米が牛車・馬車・歩行荷などで逢坂峠を越えた。また、安永八年（一七七九）一年間の米の輸送量は、牛車一万五八九四輛、牛馬一三万一四三三疋という膨大な量を数えていた。

荷物輸送には、長い峠道がぬかるみなどで通行に難渋をきたしたので、花崗岩の石板に轍《わだち》を深く刻む「車石《くるまいし》」が、車輌の幅に合うように二列に敷きつめられた。いわゆる峠道の片側には牛車専用の牛車道が作られたのである。また、峠周辺に夜道を照らす石造常夜灯も設置され、現在も場所は移動しているが三基みることができる。

寛政九年（一七九七）の『伊勢参宮名所図会』には、逢坂峠において米を運ぶ牛車、往来する旅人たち、常夜灯などが描かれている。慶応二年（一八六六）には、物資運搬を容易にするために、逢坂峠の掘り下げ工事も行われた。何メートルかは不明であるが、現在の高さの峠道になったのであろう。

それはともかく、逢坂峠道は浜大津から国道一六一号のゆるやかな登り坂道を進む。JR東海道をまたぐと、右手にかつての逢坂の関鎮守で、道中安全を守る道祖神として創建されたという関蝉丸神社下社がある。次第に山あいがせまくなったところで道は国道一号と合流。さらに進み右の石段の上にある関蝉丸神社上社前を通り逢坂峠にさしかかる。

逢坂峠頂上の旧逢坂山検問所横には、「逢坂関址」の石碑がある。ここで、国道と旧東海道は分岐し、旧道を少しくだり右手の蝉丸神社前を通り、京阪電鉄京津線の踏切を渡ると国道一号と再び合流。この付近からはせまい谷間道が長く形成され、左から名神高速道路・京阪電車・国道が並行している。やがて左側の山裾に趣きのある土塀が続く月心寺《げっしんじ》がある。大正四年（一九一五）日本画家橋本関雪《かんせつ》が、かつての茶室跡を別荘にしたところで、いまも風雅に富んだ庭園が残されている。（木）

岩間峠（醍醐越）

石山寺から、岩間《いわま》山《さん》正法《しょうほう》寺《じ》、京都の笠取を経て醍醐へ通じる道筋で、「醍醐越」ともいい、『近江輿地志略』には「寺辺村より山城国笠取に至る路也」とある。

この道筋は平安時代中期に端を発する観音巡礼の道として開かれ、西国三十三番観音霊場の第十三番札所石山寺、そして第十二番札所岩間寺から第十一番札所上醍醐寺へと通じていた。巡礼者からすれば十一番礼所から近江の礼所への道筋であったかもしれない。石山寺を出て、瀬田川に沿って下る立木《たちき》観音への参詣道との分岐点に二基の道標が建つ。一基は天明五年（一七八五）に石山寺坊官杉本正光が建てた「右　いはま道　すぐ宇治道　左　石山道」と刻まれたもの。もう一基が明治三十八年（一九〇五）に「左　立木観世音　すぐ石山

岩間寺近くから宇治市東笠取方面を望む

寺」と刻まれたものである。これらの道標の刻銘からしても、石山寺や岩間寺と醍醐寺を往来する旅人が多くあったことがうかがえる。岩間寺への途中、上《かみ》千町《せんちょう》には、道端に「左　岩間寺道」の道標が、またその先には「十八丁目京都大悲会」と刻まれた丁石が建っている。そして、鳥居をくぐりしばらく進むと岩間寺境内。「左　石山観音道　右　立木観音道」と刻まれた、大正十四年（一九二五）の道標がある。岩間寺本堂の脇からは、内畑、外畑へ下って立木観音へ向かう道筋が続く。この道は、上醍醐寺が女人禁制であったため、女巡礼者たちが十番札所の三室戸寺から、次の十一番の上醍醐寺にかわる女人堂に参詣し、十二番札所岩間寺へと巡るための道筋として開かれたのである。

平安時代末期から鎌倉時代にかけての歌人でもあり、随筆家であった鴨長明も、『方丈記』に

あゆみ煩ひなく、志遠く至る時は、これより峯つづき、炭山を越え、笠取を過ぎて、岩間に詣で、あるひは石山を拝む。もしはまた粟津の原を分けて、蝉丸の翁が跡を弔ひ、田上河を渡りて猿丸太夫が墓をたつぬ。帰るさには、折につ

けつつ、梅をかり、紅葉をもとめ、わらびを折り、木の実を拾ひて、かつは仏に奉り、かつは家つとにす。

と記し、山城国からこの峠を経て、岩間寺へ参詣して石山を望み、曽束峠を越えた先にある猿丸神社を訪ねている。

岩間寺は標高四四三メートルの岩間山の頂上付近にある。ここからは奥宮神社への参詣道が分かれ、峠を越えると山城国東笠取の別所出集落への下り道となる。道筋には別所出、平出、稲出、黒出など「出」の付く集落が点在するが、これは大津の平津、稲津、黒津などの人々が新たに土地を開いた村であるといわれている。したがって、岩間越の道筋を介して瀬田川に沿う村々の人々との結びつきは非常に深いものがあった。

この峠は、もともと僧侶たちの修行路として用いられ、のちに観音霊場めぐりの普及とともに、多くの人々が参詣のため通っていったとともに、峠を隔てた村々で暮らす人々の生活に根づいた道筋であった。（八）

曽束《そつか》峠

大石曽束から瀬田川を渡って宇治の二尾《にお》へ通じる峠道で、元禄十年（一六九七）の『淡海録《たんかいろく》』に曽束越の名が見えている。古くは鴨長明が『無名抄』のなかに「猿丸太夫の墓が曽束にあり」と書いており、彼もこの曽束越を通っている。猿丸太夫は平安時代初期の歌人で、彼の墓は山城国禅定寺村中の山上にあるとされ、その墓を訪れる人も少なくなかった。曽束から先、禅定寺へと抜ける道筋を猿丸越ともいった。また、江戸時代になると、天和三年（一六八三）に京都の儒者黒川道佑《どうゆう》も、石山参詣のついでに、この曽束を訪れたことを『近畿歴覧記』に記している。

この道筋には、琵琶湖から流れ出る瀬田川があり、昭和三十九年の天ヶ瀬ダム建設に関連して曽束大橋が架橋されるまでは舟で渡っていた。川は急流であ

鴨長明が曽束峠を越えて訪ねた猿丸神社

ることから、両岸に大縄を張り、手繰って渡河する「繰り舟」であった。曽束から瀬田川を越えて二尾を経た先には炭山の集落がある。西国観音霊場十一番札所の上醍醐寺が女人禁制であったため、ここに女巡礼者のための観音堂が建てられていた。この観音堂は鎌倉時代の初めごろに建てられたとされ、以来、女巡礼者は第十番札所である三室戸寺から、曽束越を辿り、二尾から外畑、内畑を通って第十二番札所岩間寺へと向かったのである。宝暦四年（一七五四）の京都を紹介した『山城名跡巡行志』には女巡礼路として記されている。また、『近江輿地志略』には「曽束村より山城国二尾谷に出づる路也。勢多より国界に至て三里、国界より山城伏見に至て三里」と見え、江戸時代には、近江から山城伏見への道筋として、さらに伏見から舟運を利用した大坂への物資の輸送路として用いられていた。しかし、天保八年（一八三七）には大津町の株仲間商人の訴えによって、瀬田川を下り、宇治、伏見を経て大坂へ輸送することが禁じられている。

現在、曽束越の道筋を迂回するように、北側に二本のトンネルと、瀬田川に架けられた南大津大橋によって京滋バイパスの南郷インターと結ばれている。（八）

禅定寺峠《ぜんじょうじ》（宇治田原越）

大津市の瀬田川沿いの左岸を南下し、関津峠を越えると道の分岐点に出る。右の道をとり大石東町・竜門町を経て小田原町から禅定寺峠へ。その道は京都府綴喜郡宇治田原町禅定寺に至る。

禅定寺峠は、滋賀県と京都府の境にあたり、宇治田原越ともよばれている。江戸時代の享保十九年（一七三四）編述の『近江輿地志略』には、「宇治田原越　関津より小田原嶺を越、山城の国宇治田原村に出るの路」とある。

この峠道の歴史は古い。古代から近江と宇治・大和を結ぶ重要な交通路であった。ちなみに、『続日本記』天平宝字八年（七六四）九月十八日の条によれば、恵美押勝《えみのおしかつ》（藤原仲麻呂）が、孝謙上皇の寵臣道鏡を除こうとして反乱を起こした。そのとき密告をされた押勝軍は、平城京から脱出して宇治を経て山科、そして瀬田の近江国府に入って兵馬を徴発しようとした。これを知った孝謙上皇は、大和から禅定寺峠を越える田原道をとって追撃し、押勝よりも早く近江国府に入り、瀬田橋を焼き落として押勝軍の渡河を防いだ。これからも大和からは宇治経由よりも田原道が早かったことがわかる。

田原道は、奈良市から木津川東岸沿いに北上し、城陽市辺から山中を経て宇治田原町郷の口から禅定寺峠を越える。大石小田原町からかつて大石の関が設置されていた関津峠を越え、瀬田川東岸を通って瀬田に通じている。この道は、奈良時代の主要官道の一つで、かつて平城京から近江・関東地方をつなぐ東山道であったといわれている。

平成十八年（二〇〇六）十月に大津市の関津遺跡（関津一丁目）で、八世紀中葉から九世紀中葉にかけての大規模な道路跡が発見された。道幅約十八メートルで南北の道が約二五〇メートルにわたって確認され、かつての乱の舞台であり、主要道であった田原道ではないかと発掘にあたった滋賀県教育委員会はみている。

その後、「承久の乱」のときにも、鎌倉の幕府軍が都をせめた際にこの道を

峠名の由来となった禅定寺

利用した。『吾妻鏡』の承久三年（一二二一）六月八日の条に「宇治・勢多・田原等々」とあり、幕府軍を防ぐために朝廷側の軍を田原などに派遣している。この二つの事例からも禅定寺峠は、奈良・山城と近江を結ぶ主要な道であったことを物語っている。

禅定寺峠を少しくだると右手に猿丸神社の鳥居がある。急な参道の石段を登ると、狛犬のかわりにめずらしい烏帽子姿の猿が二体安置されているのがみえる。猿丸神社には、平安時代の歌人で三十六歌仙の一人猿丸太夫をまつる。

奥山のもみじ踏み分け　なく鹿の声を聞く時ぞ秋はかなしき

の百人一首はよく知られている。猿丸は、峠近くの大石曽束の山中に隠れ住んだともいわれている。

鴨長明の『方丈記』には、「田上《たなかみ》（瀬田）川を渡り猿丸太夫の墓をたずねる」とあるが、その跡は不明である。

峠から宇治田原へくだると、道の左側の山麓には峠ならびに集落の名称由来になった古刹禅定寺がある。曹洞宗の寺院で本尊十一面観音菩薩像を安置する。

ところで、早くから小田原村と禅定寺村は、ともに山村で国境が接していたために、中世から境界相論がたびたび発生。万治三年（一六六〇）両村の相論は、境界に塚を立てることで和解が成立しているほどである。また、江戸時代の大石地域では、おもに山稼ぎが村の生活を支えていた。薪炭・材木などの運搬は陸路の場合は、関津峠を越えるか小田原から禅定寺峠を経由して山城・奈良へと移出されていた。峠道はまさに重要な生活の道であったことがうかがえる。現在峠道は、県道宇治田原大石東線となっている。（木）

関津峠《せきのつ》

関津峠は、佐馬野峠ともよばれ、大津市の田上山系の西側は瀬田川によって区切られ、その山系の西端と瀬田川との間に位置している。現在では、大津市の田上地区から同市の大石地区に通じるゆるやかな峠道で県道にあたる。

かつては瀬田川の右岸には道がないので、この峠道以外に南部へ通じる道はなかった。そのため関津峠は、地形的に古代から地域を結ぶいっぽう、軍事上からも重要な役割を果たしてきた。

峠道を南にくだると、すでに禅定寺峠の項でもふれたが、大石地区・京都・奈良方面と大石を経て信楽・三重県へとつながる。とくに前者は奈良時代から日本の重要な道にあたっていたのである。

平安時代には、関津峠が、平安京の南へ通じる道として注目され、天安元年

峠にある大石義民の碑。右側に峠道が通る

（八五七）には逢坂・龍華（ともに大津市）と並んで「大石の関」が設置されていた。その後峠が軍事的要所のため、戦乱のたびに登場するが、室町時代の応仁元年（一四六七）には、京都の大乱を避けて将軍足利義視《よしみ》が、この峠を越えて伊勢に向かったという。

ところで、関津峠には「大石義民」とよばれる悲劇が伝承され、いまも語り継がれている。江戸時代には、峠の南部に位置する大石各村からおもな生業の薪炭・材木などが峠を越えて、峠の麓にある瀬田川岸の関津浜に運ばれる。この浜から船で瀬田川をさかのぼり大津方面へ回漕されていた。

膳所《ぜぜ》藩が、大石各村からの諸物資の運送に対して重い人馬税を課したため、村民の生活は圧政に苦しんだ。それを見かねた大石富川村庄屋の彦治と弟源吾は、村の窮状を藩に訴えたが聞き入れてもらえなかった。二人は幕府の巡検使の東海道通行を待って直訴を行った。当時直訴は禁止されていたので二人は捕らえられ、関津峠で慶長十九年（一六一四）磔刑に処せられた。しかし訴えにより重税は改められたといわれている。

その後二人は、村民から義民として崇敬され、大正八年（一九一九）には、関津峠に大石義民碑が建立されている。いまも関津峠には、高さ約二メートルの立派な石碑をみることができる。

大石地区には、かつて義民をしのぶ大石義民のうたが、大石小学校の唱歌としてうたわれていた。また、わらべ唄として「ユサユサ五文　セタの橋十文」があった。子どもたちが木の枝に乗り、ゆさゆさと枝をゆすったときに唄ったという。関津峠を通行するときに五文を徴収されていたことをたとえている。

彦治・源吾の墓は、近くの往生寺にあるが、現在でも毎年命日にあたる二月には、関係者によって往生寺で法要が営まれている。私は約四十五年前にはじめて義民の伝承を関津峠の現地で聞き、いまも峠道を通るたびにそのことを思い出すのである。（木）

裏白峠

甲賀市信楽町下朝宮と京都府綴喜郡宇治田原町を結ぶ県境にあり、標高三八〇メートルの峠。現在は国道三〇七号がトンネルで峠を抜けるが、その脇に旧道が残る。裏白の名は、近江側からみて峠の裏が山城（白）であることからついたといわれる。山城側からは『山城名勝志』に「越田越」と見えている。

この道筋は、都が京都に遷って以降、伊勢への参詣路として用いられた。平安時代には、信西（藤原通憲）が都を逃れ、峠の北にある信楽の峰に分け入った。このことは『平治物語』に「少納言信西、宇治路にかかり、田原の奥大道寺といふ所領にぞ行きにける。石堂山の後、信楽の峯を過ぎ、遙かに分け入る」と見え、その後信西は源光保に捕えられて斬首された。『百練抄』には「信西、志加良木山に於て自害す」とある。

裏白峠付近にも茶畑がみえる

また、徳川家康は堺の地で「本能寺の変」の報を聞き、本多忠勝・服部半蔵・武田氏の旧臣穴山梅雪等のわずか三十人余りの家臣とともに、三河へ逃れる際には、朝宮の地名が記録に見えていることから、恐らくこの裏白峠から信楽に入り、信楽からさらに御斎峠《おとぎ》を越えて伊賀、そして伊勢へと向かっている。

この道筋は、近代になると朝宮茶が宇治の茶問屋を通じて販売されたことから、茶の流通路としての役割を担った。後に触れる桜峠をはさんで信楽焼と伊賀焼、そしてこの裏白峠をはさんで朝宮茶と宇治茶の産地が栄えたことは、峠を挟んだ両側の地域で、行き交う物や人の結びつきが強固なものであったことをうかがうことができるのである。（八）

御斎峠《おとぎ》

御斎峠は、滋賀県と三重県の県境をなす高旗山《たかはた》（標高七〇一メートル）から西に連なる鞍部に位置する比較的高い峠である。甲賀市信楽町多羅尾《たらお》から伊賀市西山町を結ぶ。

御斎峠の名称は、ほかに於土岐・於登岐・御伽の文字があてられている。この峠道は早くから近江からは伊賀・伊勢道、伊賀方面からは京道（京街道）と呼ばれていた。

江戸時代の享保十九年（一七三四）の『近江輿地志略』に「是多羅尾村より東の方伊賀国西山村へ越るの道なり、其路おとぎ峠、故に於土岐越の名あり」とある。江戸時代の中期にはよく知られていた峠であったことを示している。

全国的にもほかに見ることのないめずらしい御斎峠の名称について、『三国地志』によれば、夢窓国師が伊賀国三田の空鉢山寺に巡拝したとき、この峠で村人の響応（お斎・接待）を受けたことによるという。夢窓国師（疎石）は鎌倉・南北朝時代の禅僧で、京都の天龍寺を創建している。

峠道の歴史の詳細については不明であるが、峠道の左側の大きな岩に、全体的にこじんまりした石仏十八体と板碑が、半肉彫りにきざまれた摩崖仏がある。地元では「滝の脇摩崖仏」とよばれる。また、かつて御斎峠近くの路傍にあったが、現在多羅尾の顕証寺境内に移されている南北朝時代のめずらしい石造十王像もある。十王は人間が亡くなると、生存中におかした罪を冥土で裁判されるときの判官十人のことをいう。さらに、峠頂上近くに、空海（弘法大師）が諸国を巡教のときに、この地に来て旅人のために井戸を掘ったという「弘法の井戸」がある。これらからも御斎峠には、早くからの人々の往来があったことをうかがわせている。

一般的に信楽の御斎峠といえば、徳川家康の九死に一生を得た話が伝承されている。すなわち、家康が堺から京都に向かうとしていたとき、突然「本能寺の変」が発生し、あわてて家康は枚方《ひらかた》あたりから信長に仕えていた多羅尾光俊

御斎峠道の摩崖仏

の案内で間道を山間の多羅尾に入った。警備されて御斎峠を越えて伊賀・伊勢を経て無事岡崎に帰城した。この功によって多羅尾氏は、明治までの長い間幕府代官多羅尾領を押えていた。御斎峠の存在が、戦国時代の歴史に大きくかかわった事例の一つといえるだろう。

ところで、御斎峠へは信楽町多羅尾の集落からはいる。入口の茶屋出というところで道が分岐。そこには「左伊賀伊勢道」「右京みち」「右伊賀伊勢　左京道」と刻まれた嘉永七年（一八五四）建立の立派な石造道標がある。これに従って舗装された峠道（現在県道一三八号）を進む。峠の手前の右側に御斎峠の旧道がある。

やがて御斎峠の頂上にさしかかる。御斎峠からの眺望のすばらしさに圧倒される。高い峠のために眼下に城を中心とした旧上野市街地、伊賀盆地さらに鈴鹿山系・青山高原などの山々をみることができる。かつて御斎峠をはさんだ両村の結びつきは強く、多羅尾の人々は高い峠をこえて旧上野市まで日用品などを買い求めていたといわれている。（木）

桜峠（丸柱越）

甲賀郡小川（甲賀市信楽町）から南東に進み神山《こうやま》を抜けて、伊賀市阿山町丸柱を経て上野へ向う道筋で、現在の国道四二二号。『近江輿地志略』では「丸柱越」とあり「信楽越」というとも。勢多から信楽を経て伊賀上野まで十三里半の道のりとしている。また、「国境険弁書」に「此丸柱、栂嶺《つがみね》越、神山道、此所近江信楽郷其外勢田辺すべて湖水より南西の大郷の道路脇路といふといへども人馬往来多し。」とみえるように栂嶺越の名も見られる。

峠は、まさに現在の県境にあり、国道四二二号の県境付近に「中興了源上人遺跡」という石碑が建つ。国道から少し入ると「了源上人遷化之地」の碑がある。京都仏光寺の中興開山である第七世了源は、山門の排撃を恐れつつも元徳二年（一三三〇）大津の粟津に一宇を建て、石山観音の示現を得て布教につとめたが、伊賀地方での布教を終えての帰途、ここ桜峠で弟子の善了とともに殺害された。了源は死に臨み「我の死は宿業なり、此の者を罪するな、彼は懺悔《ざんげ》の心あり、よろしく後世を教えよ」と諭したと言い伝えられている。碑の傍には桜の木が植えられているが、これが峠名「桜峠」由来となったともいわれている。

峠を越えると丸柱の集落である。ここは伊賀焼の産地で、現在は土鍋などが焼かれている。伊賀焼は、その起源を七世紀後半から八世紀に遡り、農業用の種壷などとともに、飛鳥時代には寺院の瓦も作られていたといわれる。茶の湯が盛んになった安土桃山時代以降、茶の湯の陶器として伊賀焼の名は全国に広まった。この桜峠を挟んで、近江には信楽焼の産地がある。ちなみにこの丸柱の東隣の石川は、安土桃山時代の大盗賊石川五右衛門の生れたところだといわれている。（八）

峠付近にある了源上人旧跡

岩尾《いわお》峠

甲賀市甲南町杉谷と三重県伊賀市阿山町槙山の境にある峠。近江と伊賀を結ぶ道筋にあり、峠の標高は二九〇メートル。近江側からは、杉谷の集落を抜けて進むと岩尾池・大沢池がある。杉谷は甲賀五十三家のうち杉谷与藤次の本拠で、織田信長を狙撃した善住坊は杉谷与藤次の子であり、円通寺の僧であった。杉谷から道を進み、しばらく行くと近代になってできた岩尾池、大沢池へ至る。さらに道を進めると「岩尾山」と刻まれた天保二年（一八三一）の石標がある。峠はこの標高四七一・一メートルの岩尾山の西にあり、旧道はここから県道甲南阿山線と分かれて山道へと入る。県道をしばらく進むと、岩尾山息障寺《そくしょうじ》への上り口がある。

息障寺は池原の延暦寺ともいわれ、開基は最澄で本尊は不動明王。弘仁元年

岩尾峠の息障寺参道入口

（八一〇）の建立ともいわれ、文禄年間に養泉が中興したと伝える。縁起によれば、最澄が延暦寺の建立に際し、この岩尾山に材木を求めたところ、山の池に大蛇が棲み杣人の通行を妨げたが、最澄の祈祷によって大蛇は去り、材木の伐り出しができたといわれている。この報恩のため、最澄が建立したのが、息障寺である。

参道には松尾芭蕉の句碑があり、「法の花さくや岩尾の普会式」と刻まれている。山門をくぐると、右手には、曼荼羅岩《まんだらいわ》と名付けられた巨岩がみえる。さらに石段を登ると本堂があり、鐘楼横の石段を登っていくと、至徳二年（一三八五）の銘をもつ地蔵磨崖仏がある。そして石段を登りきると屏風岩と呼ばれ、不動明王立像が刻まれていた岩があった。これが奥の院にあたるが、平成十六年に自然崩壊して一部が落下してしまっている。

地元では、岩尾山七不思議として、岩尾の不動さん、岩尾池の一本杉、坂ヶ谷の文殊さん、恵比須谷の恵比須さん、淵ヶ谷の弁天さん、吹上げの地蔵さん、長瀬の目治し地蔵さんが数えられ、いずれも当寺を開いた最澄との縁を語り継いでいる。そして、七不思議のひとつにも数えられた「岩尾不動」は、近江、伊賀にわたって広く人々の信仰を集め、伊賀市槙山には昔から不動講があった。岩尾不動は、近江と伊賀の槙山を結ぶ、「岩尾越」の古道にあたり、伊賀側からは「槙山不動」とも呼ばれている。

また、この道は、建武五年（一三三六）三月、北朝に属する小佐治基氏・国氏等が、信楽より起った南朝の軍と戦ったところでもある。峠を越えた伊賀側の槙山は、かつて東大寺の杣山で、東大寺大仏殿を建立するとき、くぐり柱にする木を探し求めた。ここから切り出した木が最もすぐれていたので、東大寺が「これぞ真の木である」といい、「真木山」と名付けたのが地名の起こりとされる。

近江と伊賀を結ぶこの峠は、古くから息障寺の信仰とかかわり、人々の結びつきがあった。峠が地域を隔てたのではなく、むしろ地域間のつながりを強めたのである。（八）

内保《うちほ》峠

甲賀市水口町から甲賀市甲南町深川《ふかわ》、竜法師村、柑子《こうじ》を経て、伊賀国の玉滝村内保（現伊賀市）へ抜ける道筋で、現在の県道伊賀甲南線にあたる。『近江輿地志略』には「龍法師村より伊賀国内保に出づる路也」と記され、水口から国境まで二里半、国境から伊賀国上野まで三里とあり、焼尾越とも呼んだ。また、地元では、江戸時代、峠に殿様はじめ旅人の休憩するところがあったので、御殿山峠ともいわれている。

道筋は深川で杣街道と分かれるが、その分岐点には明治二十二年（一八八九）の「伊賀街道」と刻まれた道標が建つ。深川で別れた内保越の道は、山間へと進み、柑子の集落へと至る。ここには、文政五年（一八二二）の「（地蔵尊）右　いか上野」と刻まれた道標がある。また、峠を越える近江側最後の集落が

内保峠付近にある六十六誦供養石塔

柑子字長峰で、かつては旅人を泊める宿が二軒あったという。その手前には宝永五年（一七〇八）に建てられた「奉納大乗妙典六十六誦供養石塔」が建っている。さらに進むと「いせ道　ふとう道」「甲賀郡第廿三番明王寺」と刻まれた道標が建ち、峠に近いところに二体の地蔵尊と二基の石碑が並んで建っている。明王寺は天台宗、本尊は最澄作と伝えられる不動明王で、弘仁五年（八一四）円瑞が開基と伝えられている。

御殿跡と峠の一本松とは、明治にできた新道によって断ち切られ、峠を越える道は切り通しを通っている。そこに滋賀・三重の県境石が立っている。今では一本松は枯れてしまい、往時の姿をしのぶことはできない。しかし、松の木のあった根元には「金毘羅」と刻まれた小さな石碑が建ち、かつて峠を越えていった旅人たちの安全を見守り続けている。峠を越えると伊賀国玉滝村内保で、奈良時代には東大寺の杣地であったところである。この峠道は、『近江輿地志略』に伊賀路として四道あるうちのひとつ。峠を往来する人々が、近江と伊賀の交流を深める道筋であった。（八）

倉歴《くらふ》峠（油日越）

標高六九四メートルの油日岳の南山麓を通って、伊賀と近江とを結ぶ道。古くから知られた要路で、油日越《あぶらひ》とか与土の越とも呼ばれた。近江の「油日村より伊賀国柘植村に出る路也」と『近江輿地志略』にみえ、大津に都が置かれた時代には東海道の道筋で、「倉歴《くらふ》道」と呼ばれた。

杣川に沿って走る道筋でもあるので、杣街道ともいう。仁和年間（八八五〜八八九）に、鈴鹿を越える「阿須波《あすは》越」が東海道として開かれるまで、この道筋が、東西交通の主要路として位置づけられていた。

『日本書紀』天武天皇元年（六七二）七月二日条には、壬申の乱において大海人皇子が、数万の軍勢を倭古京に進発させ、また多臣品治《おおのおみほんじ》に命じて三千の兵を莿萩野（現伊賀市と甲賀市の境付近）に駐屯させた。そして、田中臣足麻呂を遣わして、この「倉歴道」を守らせたとある。

延暦十三年（七九四）、桓武天皇の平安遷都とともに、東海道は東山道とともに、京都から近江へ出て、草津付近で東山道を分岐し、ここ倉歴から柘植《つげ》、そして加太峠を越えて東国に向かう道筋が設けられた。

治承・寿永の乱に際して、元暦元年（一一八四）七月、伊賀・伊勢の平家方は、国境を越えて近江に侵攻し、油日の地において近江守護佐々木氏の祖である佐々木秀義と戦ったことが、『源平盛衰記』にみえている。この峠の由来となった「倉歴」の地名は、近江の甲賀から伊賀へとまたがる地名であり、しばしば戦乱に用いられた道筋である。

その後、東海道が鈴鹿越に移ると、この倉歴越は杣街道とも呼ばれ、杣川に沿って甲賀と伊賀とを結び、沿道の村々の生活の道として機能した。今日、杣街道と称する道筋は、明治になって整備された「新街道」といわれるルートで、かつて大海人皇子らの時代に登場する東海道ルートと同じであるかどうかは断定できない。杣街道が江戸時代の東海道と分岐する三雲の旧横田橋跡には「新街道」と刻まれた道標が建つ。また、余野の杣街道と土山方面へ抜ける間道の

余野付近から三重県境を望む

分岐には「右　油日　いちいの土山、左　す山　寺庄　京　道」と刻まれた道標が建っている。このルートは、時代は下って関西鉄道が草津と柘植間に敷設され（現在のＪＲ　草津線）、また、県道草津伊賀線として滋賀と三重の伊賀地方とを結ぶ道として用いられ、近世の東海道に変わってふたたびクローズアップされている。

旧道は県道にかわり、県境には「是従南三重県管轄」の碑が立つ程度であるが、首塚や武士谷など壬申の乱に因む地名もみられている。（八）

鈴鹿峠

東海道の近江と伊勢を境する峠で、東海道の東の難所である箱根峠に対する西の難所とされた。三子《みつこ》山と高畑山の鞍部を南北に越える峠道で、標高は三七八メートル。

この地は古くから交通の要地とされ、大和政権は大化二年（六四六）には東国から畿内を守るため、三つの関を設けたが、その一つに鈴鹿関がある。鈴鹿関の位置については、伊勢の関宿あたりに比定されるが、関の設置は、この地が交通の要衝であったことを裏づけるものである。

仁和二年（八八六）に、西の谷を抜ける倉歴越に代わって阿須波道ができ、現在の鈴鹿峠越が開かれた。中世になると、伊勢大路と称されて伊勢参宮の道筋としてしばしば記録にみえる。しかし、このころ一帯の山中には山賊の存在が確認される。昌泰元年（八九八）十二月に、伊勢参宮に下った勅使が鈴鹿山ノ内白河で襲われたことが記録にみえる。『日本略記』延喜六年（九〇六）九月二〇日条には、朝廷が山賊の討伐に兵を出し、鈴鹿山群盗が逆に襲われたことが記されている。

また、平安時代末期の説話集『今昔物語』巻二十九には、次のような説話が載せられている。伊勢国飯高郡は水銀の産地であったが、そこへ京都から水銀を商う人たちが通っていた。彼らは途中鈴鹿峠を越えて伊勢と京都を往来するが、夜に峠を通っても山賊たちに襲われることはなかったという。水銀商人たちも決して一度も襲われたことがなかったわけではなく、あるとき百頭あまりの馬に荷物を積み、前後には馬追いの小童部がついて鈴鹿峠にさしかかったとき、八十人ばかりの山賊の襲撃に遭った。襲われた一行は、散り散りに逃げ、水銀商人も山の上へと逃れた。商人は、空を見上げて「どこにいる、遅いぞ、遅いぞ」と唱えているようであるが、まもなく大きな蜂が現れ、そのあと空には赤い雲の帯が現れた。この帯は蜂の大群で、山賊たちに襲いかかり、息の根を止めたというのである。そこへ山の上から下りてきた水銀商人は、自分の荷

鈴鹿峠に建つ万人講灯籠

物はもちろん、山賊がこれまでに奪い取って蓄えていた財物も取り上げ、京へ向かった。水銀商人は、京都で酒造を営み、その酒を蜂に飲ませて守護神として祀っていたが、蜂がその恩に報いるため、水銀商人を守ったというもので、このため水銀商人は鈴鹿の山賊に襲われることはなかったというのである。その後、鎌倉時代になって、建久五年（一一九四）幕府は山中氏に対して「鈴鹿守護沙汰」と盗賊の鎮圧を命じ、これ以後は山中氏が鈴鹿峠の警固役を勤めたのである。

近世に入ると、この道筋は大きくクローズアップされ、江戸時代には五街道のひとつ、東海道のルートとして、多くの通行があった。近江側は山中村（甲賀市土山町）が最後の集落。峠を越えると伊勢側は坂下宿となる。峠の近江側手前には「金毘羅大権現永代常夜灯」「万人講」と刻まれた大きな灯籠が建つ。さらに道を進むと、峠の東の方には「田村神社旧趾」の碑が立っている。現在も田村神社は厄除けの神として多くの人々から信仰を集めている。近江側から峠へ上る途中に、蟹《かに》ヶ坂という地名が残る。ここは昔、蟹の化者が旅人を見かけると、口から無数の泡を噴き出して動けなくし、それを食べてしまった。恵

鈴鹿の社・片山神社

心僧都がこのことを聞いて化者調伏に乗り出した。土山から山中にかかると、待ちうけていた蟹が、巨大な八本の脚をふりかぎして向ってきた。僧都はその前に立ちはだかって、声高く天台宗の贈瀞《そうじょう》、往生要集を唱えた。すると蟹は泡を噴き出し、僧都の法力を避けようとしたが、なおも声高らかに法のことばを投げかけた。やがて蟹の甲羅が八つに割れて、ばらばらに砕けてしまった。僧都は村人に言って蟹のために小塚を造り、石塔を建てて霊を慰め、また八つ割になった甲に似せた飴を作ることを教え、災厄から逃ることができると伝えられ、「蟹が坂飴」として売られている。

峠の近江、伊勢の国境付近には、かつて松葉屋、鉄屋、伊勢屋、井筒屋、堺屋、山崎屋の六軒の茶屋があり、往来する旅人でにぎわっていたといわれる。現在は、その茶屋の石垣が残されている。また、珪岩が断層によりこすられ、鏡のような光沢が出たといわれる「鏡岩」がある。昔、鈴鹿峠にいた山賊が往来する旅人の姿をこの岩に映してみていたので、「鬼の姿見」と呼んだと伝えられており、昭和十一年に三重県の天然記念物に指定された。

峠を少し下ると片山神社がある。もとはこのあたりに東海道坂下宿はあったが、慶安三年（一六五〇）に大洪水にあい、下へくだって現在の地に移った。峠を挟み、東の坂下宿、西の土山宿は、峠越を控えた宿場として、江戸時代には多くの旅人で賑わった。

この峠道は、永い歴史とともに多くの人々の往来を眺めてきた。古くは戦乱に、また伊勢参宮の皇女や勅使、そして江戸時代には参勤の大名たちが峠を越えていった。そして、名もない一般の旅人も伊勢参りのために、この峠を越えていったのである。馬子唄には「坂は照る照る鈴鹿は曇る、あいの土山雨が降る」と歌われたように、峠越の馬子たちも多くいた。このように鈴鹿峠は、近江と伊勢を結ぶ峠道であるだけでなく、広域的なルートの中でも重要な役割を果たした道筋であり、さらに今でも国道一号として東西交通の大動脈の役割を継承し、多くの自動車が峠を鈴鹿トンネルで越えていくのである。

大正十一年（一九二二）には、長さ二四五メートル、峠の下二十メートルのところにトンネルが開通、道路も大きく改修され、自動車で通行できるようになった（八）。

安楽峠

鈴鹿を越える峠はいくつかある。そのひとつが近江の山女原《あけびはら》から安楽峠を越え、山女川谷へ出て伊勢の池山、安楽へ出る道筋が安楽越と呼ばれた。近江側へは淀川水系田村川、伊勢側へは鈴鹿川水系宮川の分水嶺ともなっている。この道筋は、鈴鹿越の間道として古くから用いられていた。天正十一年（一五八三）豊臣秀吉は、伊勢の滝川一益討伐のため、大軍を率いてこの道を通ったことが記録に見えている。また、秀吉が京都の医師半井《なからい》驢庵《ろあん》と盛方院吉田浄慶が北伊勢へ来るのに際して、日野を経由すると遠回りになるので、草津から安楽越を来ることを勧めたので、道の詳細な様子を説明してほしいと草津宗作なる人物に宛てて差し出した書状がある。書状は年号を欠くが、二月十二日の日付があることから、恐らく天正十一年の滝川一益攻略に伊勢へ侵入した直後のこ

切り通しになった安楽峠の頂上付近

とであろう。

さらに、同年五月には、伊勢神宮外宮の禰宜《ねぎ》であり、有名な俳人でもあった松永貞徳の日記には、「鈴鹿路は塞りて、安楽越えをせしに、あけび原という山中にとまりて、川音に夏の夜ながき旅ねかな」とあり、山女原に泊まって安楽峠を越えたことがわかる。

現在、山女原からは林道が通じ、峠付近は切り通しになって、車で越えられる。本来の安楽越は、この林道の少し南側にあり、その面影をわずかに残しているが、今は通る人もない。秀吉が伊勢攻略に通ったこの道筋、伊勢側には「京道」と刻まれた道標が建つ。伊勢の人々が京へ向かう道筋であるとともに、近江土山にある田村神社の例祭へと通っていったと伝えられる。ちなみに、この峠の名は、山賊が出た鈴鹿峠に比して、楽に峠を越えられることによるとされている。

この辺りは、現在新名神高速の工事にともない、その姿は大きく様変わりしている。新名神が現在の東西交通の主要ルートの役割を果たすように、この鈴鹿を越えるいくつかの峠道も、それぞれの時代に重要な道筋であったのであろう。(八)

武平峠《ぶへいとうげ》（大河原越）

湖東から伊勢へと鈴鹿を越える峠はいくつかある。もっとも代表的な鈴鹿峠から、北に安楽峠、武平峠、根の平峠、そして八風《はっぷう》峠などがある。

蒲生郡日野町の西大路から日野川に沿って東へ、音羽、蔵王、平子《ひらこ》と過ぎ、平子峠から甲賀郡土山町大河原に出て、伊勢湯の山温泉へと抜ける山越えには三つの峠道がある。大河原から猪足谷を通り、小岐須《おぎす》峠を越えて伊勢の小岐須へと至る小岐須越、宮越山の南にある水沢峠を越えて伊勢の大久保へ至る水沢越、そして標高八八〇メートルの武平峠を越える大河原越である。武平峠を越える峠道と、水沢峠を越える峠道は、いずれも伊勢へ向かって大河原越と呼ばれている。ここでは、現在の国道四七七号にあたる仁正寺越とも呼ばれた武平峠を越える大河原越を取り上げることとする。

この道筋は、東海道の土山宿と中山道の小幡《おばた》を結ぶ御代参《ごだいさん》街道の途上にある上野田から分かれ、仁正寺、平子、大河原を通って武平峠を越え、伊勢の菰野、千草（三重県菰野町）に至る。伊勢側からは湯の山越などと呼ばれた。『近江輿地志略』には、「大河原村より伊勢国菰野へいづる道なり。土山より国堺へ五里、国堺より桑名へ七里」とある。途中の平子峠は、標高一一一〇メートルの綿向山の分水嶺にあたり、日野川の水源にあたる。

湖東と伊勢を結ぶ峠越えは、古くは根の平峠を越える千種越《ちぐさ》が多く用いられていたが、中世後期にはその険しさから牛馬も通らない閑道になり、かわって武平峠の利用が増すと『近江愛智郡志』巻二に記されている。天明四年（一七八四）に伊勢の湯の山惣代、菰野問屋、菰野庄屋から菰野藩に差し出した願書からは、この道筋が肥料に用いる鰊《にしん》の流通路として用いられていたことがうかがえる。また、近江からは漆器や薬、麻、伊勢からは木綿、干魚、塩が運ばれていった記録もみられる。近世後期には日野商人の出店が、桑名や菰野、亀山、四日市、津など伊勢にも多く構えられていることからも、日野商人たちが伊勢へ向かう最短路の道筋として多く利用されていたことがうかがえる。そして、

武平峠の右手は鎌ヶ岳への登り口。峠道はトンネルの上

峠を越えた伊勢側の湯の山温泉は古い時代から湯治に訪れる人も多く、とりわけ江戸時代には栄えた。宝暦五年（一七五五）横井也有が『鶉衣《うずらごろも》』にこの峠道のことを記し、画家の司馬江漢も天明八年（一七八八）のことであるが、伊勢の湯の山から武平峠を越え、日野へ出て中井源左衛門を訪ねていることなどを『江漢西遊記』に記している（八）。

杉峠（千種越）

鈴鹿峠を越える道筋のひとつで、東近江市の永源寺町甲津畑《こうづはた》から杉峠、根の平峠を越えて菰野町千種《ちぐさ》へ至る。この千種越は近江と伊勢四日市を結ぶ道筋として近江商人たちに多く利用された。「今堀日吉神社文書」の永禄二年（一五五九）と同三年（一五六〇）の「保内《ほない》商人申状案」によると、保内商人が千草氏から八風越や千種越の流通独占権を認められ、その代償として役銭を支払っていたことがうかがえる。保内商人は、近江から八風越・千種越で伊勢に行き、東海地方の産物（主に麻の苧・紙・木綿・土の物・塩・曲物・油草・若布・鳥類・海苔類・荒布・魚類・伊勢布など）を仕入れて、近江や京都で販売していた。当時は、品物の運搬や警護のために大勢が隊列を組んで峠を越えていった。そのため、「足子《あしこ》」と呼ばれる商人が、近江商人に年貢を納めて伊勢行商に際して品物運搬や商売の下請けなどの権利を与えられた小商人の存在も確認できている。

また千種越は、文明五年（一四三七）の蓮如上人、弘治二年（一五五六）の公家山科言継、元亀元年（一五七〇）の織田信長の通行がみられた。この峠越えも、織田信長による安土城下での楽市の開設と山越商人の禁止などによって衰退し、さらに東海道や中山道の整備によって、江戸時代初期その地位は低下し、北伊勢と近江を結ぶ人々の生活道になった。

織田信長はここをたびたび越えている。永禄十二年（一五六九）信長は伊勢へ進攻し、諸関を撤廃している。そして大雪の中を岐阜から千種越で近江に入り、市原に泊っている。それから間もなく、信長がこの道を通った時、六角氏方の杉谷善住坊から鉄砲で狙撃された。信長は幸い袂を討ちぬかれただけであったが、善住坊は、娘が六角承禎の妾であったことから、その頼みを受け、藤切谷で待ち構えていたという。その時、善住坊が隠れていたという隠れ岩もある。

翌元亀元年（一五七〇）四月には、徳川家康もここを越えた。朝倉攻めに信

如来の道標から遠く千種越を望む

長とともに越前に入った家康は、木ノ芽峠を越えて一乗谷へ入ろうとしたとき、浅井長政が背後から兵を動かした。信長、家康ともに越前から退いたが、家康は若狭から西近江の舟木浦に出て、湖上を渡って千種越で美濃、三河へ戻った。このほか、天文九年（一五四〇）佐々木義賢も峠を越えていった。

千種越は甲津畑からは千種を経て、鈴鹿山脈へとのぼっていく。甲津畑から一時間位の所に、人々の道中を守ってきた地蔵尊が十数体お堂に祀られ、桜地蔵と呼ばれる。途中、蓮如上人の泊り場跡がある。右上に雨乞岳が見え杉峠に着く。

根の平峠は、標高八三〇メートル。さらにここから二時間あまり峠道をのぼることになる。根の平峠を越えると、伊勢側には朝明川の流れがあり、伊勢の千種へと下っていく（八）。

八風峠《はっぷう》

八風峠は、鈴鹿山系に位置する峠である。標高九四五メートルで、近江の峠では最も高い部類に入る。峠は東近江市永源寺町と三重県菰野町を結び、かつては近江と伊勢・美濃をつなぎ諸物資が運ばれた峠であった。そのために歴史資料に比較的多く見ることができる。

ちなみに、最も古いのは鎌倉時代の元久元年（一二〇四）の『吾妻鏡』である。これには伊勢の平家残党一味が蜂起し、鈴鹿・八風の峠を占拠し通行ができなくなり、京都へも行けなくなったことが記されている。少し年代がくだるが、京都相国寺詩僧横川景三《おうせんけいさん》が、尾張から京都へ帰るとき八風峠を越える。そのとき商人が荷物を背負う人百余人、運搬用の駄馬の数がわからないほど多いことを綴る。八風峠は商人たちの峠道であった。近くの『今堀日吉神社文書』

からも、八日市を中心とする保内商人をはじめとする小幡・石塔（現、東近江市）などの山越商人や、枝村商人（豊郷町）などがよく利用した峠であったことがわかる。

しかし、八風峠は険しい峠道であった。連歌師の島田宗長の日記には、「老の足一歩も進まず、人に負はるれば胸痛み、息も絶え、谷に落ち入ぬべくおぼえ待れば」とあり、その様相が推測できる。天文二年（一五三三）に公家の山科言継が、京都から尾張に向かうとき峠を越え、「八風峠を越え候了。九里皆坂也、一段之坂也」とある。

さらに明治十三年（一八八〇）の『滋賀県物産誌』には、「地勢凹凸道路頗《すこぶ》ル険ニシテ、物資ノ運送隋テ不便ナリ」とあるように、峠が険しく難路であるために通行が、当時すでに衰微していたことを物語っている。

八風峠の名を冠した八風街道は現存している。すなわち旧中山道武佐から旧八日市栄町を経て永源寺である。八風峠までの峠道が通行が困難であり、現在車道は隣の石榑峠を利用している。

八風峠へは、街道の愛知川上流の杠葉尾《ゆずりお》の八風谷橋から歩いて渓流を何回も

八風峠の頂上

渡りながら登山道を登る。登山道は一部は残されているがわかりにくい。灌木にまきつけられた赤・青のテープを頼りに渓谷沿いに急坂を進む。前述した中世の商人たちはどうしてこの険路を登ったのだろうかと思うほどだ。

やがて尾根道に出て熊笹のおい茂る細い道を進むと八風峠の頂部にいたる。見晴らしのよい広場となり、八風大明神と刻まれた石碑と木の鳥居がある。

めずらしい八風の呼称について諸説があり、『伊勢風土記』に天日別命に追われた土着の伊勢津彦命が八風を巻きおこして東国へ去ったという説、八方から風が吹きつける風の強い峠説、永源寺の僧が命名したなどの説が伝えられている。実際に峠では、強い風で帽子が飛んで行くところであるという印象を受けた。（木）

鞍掛峠《くらかけ》

犬上郡多賀町多賀から佐目を経て、犬上川沿いに大君ヶ畑《おじがはた》に入り、ここからさらに標高七九一メートルの鞍掛峠を越えて、三重県員弁郡藤原町山口に至る道筋で、現在の国道三〇六号にあたる。『近江輿地志略』には「大君畑越」とみえる。

弘仁元年（八一〇）薬子の乱で都を逃れた参議・藤原仲成がこの峠を越えて伊勢側の西野尻に隠れ住んだと伝えられている。峠の名は天安二年（八五八）文徳天皇の第一皇子惟喬《これたか》親王が右大臣・藤原良房の追討を逃れ、都落ちをする際に、この峠で馬の鞍をはずして休憩したことに因んだもので、古くは竜華峠とも呼んでいた。また、峠の姿が鈴鹿山脈の最高峰、御池岳とをつなぐ稜線の底部が馬の鞍に似ていることから、その名がついたともいわれる。

元亀三年（一五八三）九月五日付の浅井長政書状に「大君畑」の名が見え、翌四年の『信長公記』にも、鈴鹿山脈を越える八風峠とともにこの鞍掛峠を越えて「江州衆」が桑名の西別所で一揆を起こし立て籠もった記事がうかがえる。さらに天正十一年（一五八三）一月には、羽柴秀吉は柴田勝家を攻めるため、軍勢の一手がここ「大君畑越」を通っていたことが『柴田湯治記』に見えている。

文人の峠越では、天文十三年（一五四四）十月には俳諧師・宗牧が江戸に下るときに峠を越え、そのときに詠った「あとや雪　しまきよこぎる　笠やどり」の句が残されている。

また、峠の近江側最後の集落大君ヶ畑は、犬上川の上流にあり、多賀南畑十三ヶ村のひとつに数えられた。この村には、轆轤《ろくろ》の技術を有する木地師の伝説が残っている。木地師伝説については、文徳天皇の第一皇子惟喬親王を祖とする君ヶ畑（東近江市君ヶ畑町）が有名で、その君ヶ畑に北接したこの大君ヶ畑も惟喬親王に対する信仰が篤い。村内にある白山神社の末社には惟喬親王を祀り、年三回の祭礼がおこなわれているが、三季の講とも惟喬の講ともいわれる。

鞍掛峠の頂上付近

祭礼は、十六菊・五七の桐の紋章入りの大紋を着用した若衆（宮守）が奉仕する。古い木地椀を捧げての舞の奉納もあり、いかにも木地屋の里に伝わるまつりである。

この峠道は、近江から伊勢に通じる重要な道筋であった。三重側からは多賀大社参詣の道であり、近江側からは伊勢参宮の信仰にまつわる道筋であったが、現在では国道三〇六号が全長七四五メートルの鞍掛トンネルで抜け、トラックが行き交う道路となっている。（八）

五僧峠（島津越）

近江国五僧（多賀町）から美濃国時山（岐阜県大垣市）へ抜ける道筋で、多賀町多賀から芹川沿いの八重練に出て、ここから山中に入って、杉、保月を経て五僧峠に達する。峠は、時山、堂之上、下山へ下り、三重県員弁郡藤原町山口で、鞍掛峠を越えてきた道筋と合流する。現在の県道上石津多賀線。鈴鹿山系の最も北の横断路で、近江と美濃、伊勢を結ぶ最短の間道として、近江商人や多賀詣の参詣の人々が通っていった。

五僧の名は、美濃の時山から五人の僧侶が移り住んだことによりついたといわれている。時代は下って、織田信長の死後、豊臣秀吉は伊勢の長島城による滝川一益を攻めるべく、兵を三分して鈴鹿を越えた。この時、羽柴秀長の一隊がここから北伊勢へ越えた。

また、慶長五年（一六〇〇）九月十五日、関ヶ原合戦で敗れた島津義弘一行が敵中突破のあと、伊勢街道からこの五僧峠を越えて高宮、そして甲賀の信楽を経て和泉の堺へ出て、海路薩摩へと逃れた。このとき島津氏が通ったことから「島津越」ともいう。慶長七年（一六〇二）には、真宗本願寺派開祖の蓮如がこの地を通り、五僧に寺がないのを嘆き、彦根高宮の南にあった四十九院唯念寺の掛所とした。

栗栖から峠を上りはじめると、途中多賀大社の神木がある。そして杉峠を越え杉集落へ入る。この杉は、元禄八年（一六九五）には十四戸の集落であったが、昭和四十八年に廃村になっており、春日神社と光明寺が残る。さらに道を進むと谷が開け、保月の集落である。応神天皇を祭神と摺る八幡神社と浄土真宗西本願寺派の照西寺があり、人家が何軒か残る。もっとも多いときには八二戸を数えたというが、昭和五十一年に廃村化したと『多賀町史』は記す。現在は夏には一軒のみがここに住んでいるという。かつてはここ保月には旅籠や酒屋などもあり、多賀町立脇ヶ畑分校もあったが、八幡神社の向かいに脇ヶ畑分校跡の碑が建つのみとなっている。かつては五僧の村からも沢を辿って通って

五僧峠から美濃方面を望む

いたという。道は下り、権現谷へと注ぐ川筋にあたり道は二手に分かれる。左手に道筋をとると権現谷、河内の風穴から芹川沿いに栗栖《くるす》へと出る。右手に道がついているが、斜め正面に上って行くのがかつての五僧峠への道筋。その分岐点に一基の墓碑があり、かつて五僧で暮らす人たちの先祖の墓で、このあたりに五僧村の墓碑がいくつか点在する。かつて、五僧で育った人の話では、八軒の家があったが、現在では二棟が残るのみ。通婚は隣の谷を通る鞍掛越えの近江最後の集落大君ヶ畑などとあり、また商圏などは峠を越えた美濃側の時山《ときやま》であったという。現在も、鹿児島の伊集院町と多賀町とは姉妹都市を結び、島津越の威徳をたたえようと伊集院の小学生が関ヶ原踏査隊を組織して、毎年夏にこの道筋を辿っている。なお、峠の名にある五僧は昭和四十九年に廃村となった。（八）

摺針峠《すりはり》

中山道の鳥居本宿の北にある下矢倉村《しもやぐら》（彦根市）から甲田村《こうた》を経て番場宿へと至る途中の峠で、標高は二〇〇メートル足らず。古くは「磨針」と標記されることもあった。江戸時代には、東国から来た旅する人が、山中の木曾路から美濃路を経て近江に入り、はじめて琵琶湖の眺望がひらけるところとして、道中記などにも紹介されている。中山道を旅する人の多くは、これほどの展望に心を打たれるとともに、まもなく京の都へ近づいたことを実感したに違いない。また、京都からの旅人は、京の都を発って琵琶湖を傍に東路へと向かいながら、いよいよ都の地を離れる感慨に浸ったことであろう。太田南畝の『壬戌紀行』にも、その絶景を褒め、また、『木曾路名所図会』も「風色の美観なり」と記す。何よりも、幕府が道中奉行を持って製作させた『中山道宿村大概帳』に

「中山道第一の景地也」と記していることからも、万人が認める景勝の地であったことがうかがえる。

峠の名の由来は、『近江坂田郡志』にみえる「東下り」に「小野宿より見渡せば斧斤を摩さしすり針や、番場との音の聞へしは此山松の夕嵐」とあり、諸国を修行していた青年僧が、挫折しそうになってこの峠を通りかかったとき、斧で石を摺って針にしようとしている老女を見て、その苦労に比べたら自分の修行はまだまだ甘かったことを悟り、心を入れ替えて修行したのちに弘法大師になった、という伝説による。

中世の『覧富士記』や『藤川の記』などにも、しばしば峠の名が見え、また峠付近は元弘三年（一三三三）、京を落ち延びた六波羅探題北条仲時の一行が摺針などの「山立・強盗・溢者」二、三千人に迎え討たれ、この地で全滅したことが『太平記』巻九の記載に見える。今堀日吉神社に残る永禄元年（一五五八）の「保内商人惣分中付状」には、美濃からこの摺針峠を越えて紙荷などを取り扱ったことが見えており、商業路としても用いられていたことがうかがえる。

下矢倉から摺針峠への登り口

江戸時代には、峠には「望湖《ぼうこ》堂」という茶店があり、浮世絵や名所図会などにも描かれている。この望湖堂は、鳥居本と番場の間の宿として本陣類似施設としても機能し、参勤の大名たちも休憩していった。さらに、慶長九年（一六〇四）以降、朝鮮通信使の通行に際しても、ここで休憩を取っている。また、ここには明治十一年十月の「明治天皇御小休所」の石碑が建っている。

西の鳥居本宿からしばらく北へ進むと下矢倉村。ここで中山道と米原から長浜、湖北を経て越前へと至る北国街道を分岐する。中山道は道を東方向にとり、峠の上り口へと向かう。国道八号から旧道への入り口には、「舊中山道　明治天皇御聖跡　磨針峠望湖堂　弘法大師縁の地　是より東へ山道八百米」の石碑が建つ。ここから、峠道は山中へと入っていく。かつて、浮世絵などに描かれていた「望湖堂」の建物は、平成三年（一九九一）焼失したが、再建されている。

この峠道は、古くから東国と京を結ぶ道筋として、多くの旅人が通っていったとともに、近江商人が通う流通の道としての役割も果たしていた。（八）

摺針峠・田中家（望湖堂）から琵琶湖方面を望む

不破越

中山道の美濃越で、近江の柏原宿から長久寺村《ちょうきゅうじ》（米原市）を経て今須宿《います》、そして不破の関跡へと至る道筋で、近江と美濃の国境には「寝《ね》物語の里」がある。長久寺は、近江、美濃両国の人が住む集落で、一尺五寸の小溝を隔てて近江側に「かめや」美濃側に「両国屋」という旅籠があり、寝ながら壁越しに話ができたことからその名がついたとも。また、静御前が源義経を追って近江側の旅籠に泊まったところ、隣の美濃側の家から義経の家来江田源造広綱の声が聞こえて再会したという伝説も残る。これはさらに美濃へと道を進んだ今須峠を越えたところに墓が残る常盤御前と義朝の家臣江田源蔵行義との寝物語とする説もある。現在でも、この長久寺あたりは、正徳四年（一七一四）に植えられたという松並木が中山道沿いに続き、旧街道の面影を今に残している。また、国境には近江・美濃国境の碑と

近江・美濃国境から不破峠を望む

小さな溝が残る。

この不破越の峠道は、中山道の道筋でもあり、険しい峠を越えるわけではない。寝物語の里から道を進めると今須宿。旧街道は国道と併走するが、宿を抜けると道は今須峠を越えて山中へ入る。このあたりは六七二年の壬申の乱ののち、天武天皇がこの地に古代の三関のひとつ不破の関にあたるところで、東国と境する交通の要地として位置づけられていた。

この不破の関跡の西には藤古川が流れ、壬申の乱のときには川を挟んで東に天武天皇軍、西に弘文天皇軍が陣を布いたといわれる。『古今和歌集』に

みの、国　せき藤河たえずして　君に仕えん　万代までに

と詠まれており、平安時代以降は歌枕にもなった。

この峠は、近江から美濃へ入ったところにあるが、特に近江の柏原宿を出て、美濃の今須宿を経て関ヶ原宿までの間に、幾多の戦乱の舞台となり、時勢を見つづけてきた歴史の生き証人であろう。また、峠道は古代から、戦に向かう武

将とともに軍勢が行き交い、江戸時代には中山道の道筋として、将軍家へ嫁ぐ姫君をはじめ、多くの旅人たちが通過し、近江と美濃を結ぶ道筋としてだけでなく、広域的な東西の交通路として用いられ、文化や情報もこの峠を越えて往来したのである。（八）

八草峠《はっそう》

近江から美濃へ抜ける峠道で、現在の国道三〇三号。北国脇往還の馬上《まけ》（高月町）の走落神社の鳥居前で道は分かれるが、分岐点には「すぎのかねゐはら道」と刻まれた明治二十九年（一八九六）一月の道標が建つ。道筋は杉野川に沿って上り、最奥の金居原《かねいはら》を経て標高七五〇メートルの峠を越えて美濃へと至る。金居原村は、鎌倉時代に幕府が滅亡した際、落武者今井又八郎なる人物が、この地を訪れ元弘三年（一三三三）宮の谷に氏神八幡神社を建立し、宮守になったと伝えられる。峠の西方にある土倉《つちくら》は金居原村の枝郷。江戸時代には、彦根藩代官から藩主御用炭の焼き出しを命じられていた。また、明治四十年（一九〇七）に銅鉱山が発見され、同四十三年から採掘がはじまる。鉱山は昭和十九年には最盛期を迎えるが、戦後は衰え、現在は廃鉱になっている。この土倉

八草峠の石標

の地名は、金居原や金糞岳とともに、地下の資源を意味する名である。採掘は本土倉から本格的な採掘が始められたとされるが、銅の鉱石は人や牛馬の背で運び出され、そのルートとなったのがこの八草峠道であった。

八草峠は出口土倉からまっすぐに登谷を登る。彦根藩三代藩主井伊直孝が、領地検分に来て峠に松を植えたが、これが直孝松と呼ばれて、二百五十年の歳月を経て、幹周り五メートル余、三方に大枝を張る大樹となった。旧道の上方には、昭和二十年代の豪雨で崩れ、出水と土砂で山麓の民家五十戸が流失という被害があった土倉岳の南西のセゴトの山崩れの跡が見える。

この細い山道に車を通して両地区を結ぼうと、昭和二十二年、杉野村と岐阜県坂内村が、相互に林道開発に着手した。食糧難、しかも機械力のない敗戦直後で、土木業者は中途で投げ出した。しかし、地域住民の手で峠まで九キロ、幅四メートルの道を造ったのである。

この峠道は、近江と北美濃を結ぶ生活の道でもあり、揖斐《いび》川上流の村々と通婚や経済交流があった。またかつては銅山からの伐り出しの道筋であった。(八)

栃ノ木峠（虎杖越）

北国街道は、『近江輿地志略』にみえる越前路六道のひとつ「虎杖越《いたどりごえ》」として「所謂北陸道東近江路といふもの是也、官路也。中河内村より越前国虎杖村に出づる路也」と記されている。峠は、標高五三七メートルで、高時川の水源でもある。峠の名は、栃の大木があったことから付いたとされる。

この栃ノ木峠を越えるルートは、すでに寿永二年（一一八三）七月の『源平盛衰記』巻三に、その名が見える。「木曾は此状山門へ上せて後如何様《いかよう》にも都近く攻上るべしとて、越前の国府を立ち今庄に着く。敦賀山を右になし、能美山を越え、柳ヶ瀬に打立って、高月河原を見渡して、平方朝妻筑摩の浦までを過ぎぬれば、千本の松原を打通り東大道（中山道）に出でにけり」とみえ、倶《く》利加羅《りから》谷で平家を破った木曽義仲が、越前から近江へと兵を進めた際に多くの兵がこの峠を越えている。また、この峠が険難であるとも同書に記されている。「朝倉始末記」には、足利義昭が永禄十一年（一五六八）に越前一乗谷から美濃へ、天正三年（一五七五）に織田信長が、越前の一向一揆を平定したのちに岐阜へ向かうのに、この峠を通っていった。天正六年（一五七八）に越前北庄城主であった柴田勝家が峠付近を改修したことにはじまるとされる。

そして、織田信長の死後、豊臣秀吉と対立した柴田勝家は天正十年（一五八二）に賤ヶ岳で豊臣秀吉軍と戦うが、このときも栃ノ木峠を越えて賤ヶ岳に向かっている。

近江から栃ノ木峠へと向かう北国街道は、木之本を出ると山の中へと入っていく。そして関所が置かれた柳ヶ瀬へ。柳ヶ瀬からは、敦賀へと抜ける刀根峠への道筋が分岐する。ここに明治十六年に建てられた道標がある。北国街道へは「えちぜん　かがのと道」、刀根峠へは「つるが　三国ふねのりば」と刻まれている。さらに峠へと道を進めば椿坂に至る。椿坂は柳ヶ瀬を出てしばらく行った急坂のことを言ったが、峻険な上り坂であるため坂の前後で荷車を解体して運んだともいわれている。『北国街道と脇往還』（市立長浜城歴史博物館編）

栃ノ木峠付近

に収録された「京阪街道一覧」には、「椿井峠」と記され、峠付近に茶屋と思しき二軒の民家が描かれている。『東山道記』によれば、この茶店で草餅を売っていたとみえる。さらに峠道を進めば、近江最後の宿駅である中河内。街道沿いに本陣柳橋家、脇本陣中村家と、宿駅業務をつかさどる問屋山口家があった。ここも「京阪街道一覧」には、「柳ヶ瀬へ弐里」と記され、街道に沿って家並みが描かれている。「今庄朝立ちや木之本泊り、合《あい》の中河内は昼弁当」と民謡に歌われたように、今庄（福井県）と木之本が栃ノ木峠越を含む一日の行程であったが、その中間に位置し、昼食を取る宿場であった。

さて、中河内からは峠への本格的な上り道。そして越前との国境栃ノ木峠である。『東山道記』には杓子峠とあり、越前今庄城主赤座家の系図にも杓子峠の名が見えている。峠の頂上には名物茶屋があったとされ、天正十一年（一五七三）に、豊臣秀吉が朝倉攻めの途中立ち寄ったとされ、そのときに茶屋を営む前川家が秀吉から釜を拝領したといわれている。また、現在は、峠付近には民家もなく、わずかに峠の名前の由来となった栃の木と、当時の面影を伝える地蔵堂が残るのみである。

中河内で峠を越える人々を見守る地蔵

この栃ノ木峠、古くは戦乱に向かう武将たちが往来した峠道であるとともに、越前や越中の商人が、近江や京へと商いに通った峠道であった。このことは、寛文年間（一六六一～七三）に近江湖南地方での商いの帰り、吹雪に遭い凍死した富山の薬売りの墓が柳ヶ瀬の共同墓地に祀られていることなどもその証である。そして、この栃ノ木峠を挟んで、近江と越前の文化や経済の交流も古くからあった。現在、国道八号が日本海の要津の敦賀へと向かっているが、国道三六五号は敦賀を経ずに越前の今庄へとつながり、この道筋だけがかつての結びつきを継承している。（八）

刀《と》根《ね》越（久《く》々《く》坂《ざか》越）

刀根越は、北国街道の柳ヶ瀬（余呉町）から敦賀へと抜ける峠道。峠名は倉坂峠ともいった。峠の標高は約四〇〇メートル。柳ヶ瀬の北から分かれる。明治十六年（一八八三）に建てられた自然石の道標に「右えちぜんかがのと　左つるがみくにふ祢のりば」と刻まれている。現在の北陸自動車道がこの峠道と同じルートを辿る。

古くは近江の湖東と湖西を結ぶ間道として用いられ、『今昔物語集《こんじゃく》』にみえる「越前国敦賀女《め》、蒙観音利益語」に美濃から敦賀に至る道である。また『太平記』巻一七には、金崎城攻めの際、細川源蔵人は四国の軍勢二万余を率いて東近江から越前金ヶ崎へ向かっているが、天正元年（一五七三）七月、小谷の城主浅井長政は、姉川の戦で大敗し、信長勢の進撃により小谷城へ逃れた。朝倉義景は浅井の援護のため大兵を率いて刀根越から田部山（木之本町）に出陣したが、小谷城が落城したため、朝倉氏は逃げ帰った。このとき信長は、小谷から敦賀まで十一里の道のりを追撃し、刀根越で朝倉方の主力を捉え、朝倉一族数十人、兵三千人が討ちとった。その後、信長勢は、木ノ芽峠を越え、一乗谷に攻め入り、越前朝倉氏を滅亡させたのである。

刀根から疋田へ刀根越の西口にあたる刀根は、かつて刀が作られていたところであるといわれており、疋田との中間付近に金洞という地名が残り、鉄を産したあとがある。また、旧道の疋田の中ほどには「右西京しおずへ　左東京」という道標が建っている。『近江輿地志略』には、

四月上旬までは坂に残る雪たまりで、一丈ばかり深き故、馬の足なつみて通らず、歩行にて通る。荷物は人夫背負ひて行くなり。故にこの辺の馬、冬春の間は越前へ往来せず。極月正月の頃は雪深く、谷の半ばまで埋みて、その上を往来す。その深きこと甚し。三月雪消えの時、山よりの雪のなだれにわかに落ちて、行人を打殺すことあり。この辺の人はよく知りてこれを避く。知らぎる人は死ぬ者多し。

刀根峠・柳ヶ瀬からの上り口

　又この間の山には他山に見なれぬ草多しと、貝原篤信翁もいえり。

と峠のようすを綴っている。

　近世に入り、慶長七年（一六〇二）初代福井藩主結城秀康は、刀根を宿敵とし、小浜藩も刀根の地に女番所を設け、この地を交通の要地として位置づけた。

　この峠道は、かつて戦国の世には合戦の舞台となり、多くの兵が通っていったが、その後は越前や若狭と近江、さらには鉄道の北陸線が現在の疋田を通るまで、小浜や敦賀から東国へ向かう重要な道筋でもあった。明治十七年には鉄道の柳ヶ瀬トンネルが通じ、峠道も次第にその役割を失っていったのである。

（八）

深坂峠《ふかさかとうげ》

福井県の敦賀と琵琶湖北部の主要港として知られる塩津港をつなぐ峠道で、『近江輿地志略』では「沓掛越《くつかけごえ》」と記される場所である。

この峠には、古くから運河計画が何度もあり、橘南渓の『北窓瑣談』には平清盛の息子の平重盛による開削計画が記されている。これによると、越前国司であった重盛は父・清盛の命令で敦賀と琵琶湖を結ぶ運河を塩津から掘り始めたが、巨石にはばまれて断念したという。その巨石に地蔵の姿が現れたものが、現在、峠のすぐ下に祀られている深坂地蔵で、この地蔵が「堀止め地蔵」とも言われる理由だという。一方で、地蔵は「塩かけ地蔵」とも呼ばれ、日本海の塩を運んだ「塩の道」にちなみ、現在も地蔵堂内には、お供えの塩が絶えることがない。

運河の計画は近世にも続き、寛文九年（一六六九）には京都の町人田中四郎左衛門が新道野を開鑿して塩津―沓掛―新道野―疋田―敦賀を水路で結ぼうとしたが、敦賀湾岸で塩業を営む村々や海津・大浦の人々に反対されたという。また、幕末には幕府が金沢藩に開鑿を命じたが明治維新となって中断されている。このように計画は、日本海から瀬戸内海を海上ルートだけで荷物を運ぶ西廻り航路の開発によって打撃を受けた京都の商人らを発起人としたものと、江戸幕府自らが企画したものがあったが、明治・昭和になっても計画が実行されることはなく、昭和三十二年に北陸新線開通に伴い深坂トンネルの掘削工事が始められたが、このときも資材・人員・土砂の運搬はトロッコで行われたという。

現在、塩津と敦賀を結ぶ国道八号線は、深坂峠の東隣の新道野峠をこえて福井県へ入っている。この道は昭和十五年（一九四〇）に戦時輸送の重要な役割を担う緊急道路として整備された道であるが、そもそも新道野越というのは、弘治年間（一五五五～五八）ころまでには開かれ、大坂築城の物資輸送にも利用されたという歴史の古い道である。

かつての古道が残る深坂越

峠のすぐ下に祀られる深坂地蔵。塩かけ地蔵ともよばれる

深坂峠には、室町末期から峠を通過する荷物を扱ってきた岩熊村（伊香郡西浅井町）出身の西村家という問屋があり、この家は新道の開通とともに新道野峠に移転したという。近世には小浜藩の藩米輸送にあたり、三人扶持を給されていた西村家の屋敷跡は、現在も深坂地蔵堂へ向かう参道の左手に見える石垣の場所であるといわれている。

峠道は、滋賀県側はほぼ峠近くまで車道がついており、深坂地蔵への参詣道も整備されている。現在も、集落の端に車をとめて地蔵堂へ向かう人は多く、地元の人々のあつい信仰に守られて今日に至っている。

峠から福井県側は、本来の古道よりは拡幅されているが、ほぼ昔どおりのルートが残っており、現在も歩いて峠を越えることができる。（山）

万路峠《まんじ》（万路越）

琵琶湖最北に突き出した二本の半島のうち西側の半島を、バイパス型に東西にカットする峠道が万路峠である。高島市マキノ町小荒路と伊香郡西浅井町黒山を結んでいる。名称は、峠付近の山波が卍形になっていることからきているともいわれているが、定かではない。

この峠道は、昭和十一年（一九三六）の大崎トンネル完成によって湖岸道路が開通するまでは、湖西と湖北を結ぶ重要な峠道であり、多くの人馬でにぎわったと伝えられている。江戸時代には、地元小荒路《こあらじ》村の人々による修復もあったようで、天保九年（一八三八）六月には巡見使の通行に備え、代官今中幸右衛門が小荒路村庄屋にあてて道の修復を命じた記録が残されている。その中には「御巡見御通行モ難ク斗候ニ付、先例ノ通リ、まんじ峠道作リ…」との記載がある

峠付近から小荒路・マキノ方面を見おろす

シデの古木の脇の地蔵堂

ことから、峠の修復は一回限りでなかったこともうかがわれる。

現在の峠には、大きなシデの古木があり、その脇に石造の地蔵菩薩像が祀られている。これは現在も小荒路区の人々によって大切に守られているという。

峠からは、ふもとの集落や田園風景を望むことができ、今では、手軽なハイキングコースとして、また、その名称とともに歴史を伝える古道の一つとして案内書等に紹介されることも多い。ただ、どちらかというと道の整備はあまり進んでおらず、とくに西浅井町側の道は通る人も少ないという。ただその分、古道の雰囲気や様相をよく残しているとも考えられ、注目すべき峠道であることに変わりはないだろう。（山）

黒河峠

湖北の塩津・大浦（伊香郡西浅井町）から日本海へ通じる深坂峠、新道野峠の道とならび、近江と若狭との県境に位置するのが黒河峠である。この峠は、位置的には古代北陸道である現在の国道一六一号と敦賀をほぼ直線で結ぶ場所にあり、近江と日本海を結ぶ最短ルートであるとも言えるが、標高が高く、物資や牛馬が行き交う一般的な峠道としての利用は少なかったものと考えられる。

古代北陸道は、琵琶湖西岸を北上し、福井県へいたる。ただ、高島市北部でのルートは駅の所在地とともに不明点も多く、平安時代ごろのルート変更説もある。天平宝字八年（七六四）、孝謙上皇との政権争いに敗れたときの太政大臣藤原仲麻呂（藤原不比等の孫）は、領国でもあった近江に敗走し、北陸道を

黒河峠付近

通って、越前へ向かおうとした。『続日本紀』は、このとき仲麻呂が上皇軍に行く手を阻まれ、主要道ではなく「山道」を通って、越前へ向かおうとしたと記している。黒河峠は、いつごろから使われた道であるかは定かではないが、そうした緊急時に使われる「山道」の一つであったのではないだろうか。

現在の黒河峠は、マキノ町白谷から林道が続き、車で越えることができる。峠のすぐ手前が三国山への登山口で、近年では登山客の駐車場所として有名になっているようである。しかし、峠付近のブナ林は現在も美しく、また林道途中には展望の素晴らしい個所が多いことでも知られている。（山）

栗柄《あわがら》峠（栗柄越）

この峠の名前は、水上勉の小説『湖《うみ》の琴』で、多くの人に知られるようになった。『湖の琴』は、峠の若狭側の麓の栗柄村（福井県三方郡美浜町）から三味線や琴の糸とり仕事に近江にやって来た少女と、同僚の青年との素朴な恋物語を中心とする作品で、少女が峠を越えて近江に向う場面では、その周囲の情景が

近江へぬける白い一本道の両側の山壁には、葉を落とした欅の梢が針のように空へつき出ていて肌寒い風が吹いていていた。

と、描かれている。

歴史的には、古代官道である北陸道の一部とも考えられるコースで、『延喜式』に記される鞆結《ともゆい》駅と若狭の弥美《みみ》駅をつなぐ最短のルートである。近世の北

国海道は、海津宿（高島市マキノ町）を過ぎると追坂峠《おっさか》を越え、越前へ直進するルート（国道一六一号）をとったと考えられるが、とくに古代においては、若狭国が北陸道の筆頭国であったこともあり、若狭国内の駅を全く素通りしていたとも考えにくい。こうしたことから、古代北陸道の近江から若狭・越前に向うルートにはコース変更なども加えて、さまざまな意見が出されているが、この粟柄峠の道も近江と若狭を結ぶ主要道の一つであることに間違いはない。

峠道には、ところどころに石畳が残り、古くから多くの人が越えた道であったことが分かる。峠付近には、自然石に彫られた地蔵菩薩像や、岩をくりぬいて置かれた石造仏が祀られ、風雪の厳しいこの峠道は、近世の人々にとっては難所ルートの一つであったことがうかがわれる。しかし、『湖の琴』にも登場するように、多くの人々が日常の生活の中で多用するルートであったことも確かである。

峠のすぐ横が赤坂山の頂上で、近江側のマキノスキー場からの道は、近年では峠越えの道というより、「花の山・赤坂山」の登山コースとして知る人が多くなっている。とくに雪解けから初夏に向う花の季節には、京阪神からの日帰り登山コースとして、多くの登山客で賑わっている。（山）

石畳が残る栗柄峠

峠道途中にある石仏

近江坂

近江と若狭をつなぐ峠道である近江坂は、高島市北西部の山地を縦断する長大なコースで、一つの峠というよりは、まさに国境を越える道という役割を持っている。近江の酒波（高島市今津町）と若狭の能登野《のとの》（三方上中郡若狭町）を結んでいる。

近江側を起点とする場合は、酒波集落の北西端に位置する酒波寺が峠道への入口である。この酒波寺には、かつて若狭の倉見《くらみ》から、近江坂を通って運ばれてきたといわれる大般若経六〇〇巻が伝えられている。酒波寺の南隣に鎮座する日置《ひおき》神社に残る古文書には、観応二年（一三五一）十一月、若狭国倉見荘（現福井県三方上中郡若狭町）の人々が、酒波寺のある川上庄の後山（共有山・入会地）への立ち入りを認められたお礼として、経典を送ったことが記されている。また、その大般若経のもとの所在地である若狭国倉見荘の地にも同様の内容の記録が現在まで伝えられており、そこには近江国へ大般若経を納めたことのほか、川上庄の後山のうち若狭国境の間の山（三十三間山）は、古来、能登郷の社（三方町成願寺に所在する闇見神社）への下し山とされていたため、毎年四月、川上庄の神事（祭礼）の一〇日前に、山手米一石二斗三升九合を倉見庄からお供えとして、近江坂を通って川上庄へ運び、寄進していたことが記されている。

このように近江坂で結ばれた川上庄と倉見庄は、その峠道をかいして、古くから深い交流があったことがうかがえる。

峠道は、ブナ林の続く山中をなだらかに進んでいく。長年歩き続けられたことによって深く掘りこまれた部分も多く、今から約六五〇年前、六〇〇巻の大般若経典が運ばれていったという伝承が、しっくりとくるような古道である。

全コースを歩くと、あまりに長い距離であるため、通常は車で山麓にある「家族旅行村ビラデスト今津」近くの平池まで登り、そこから歩き出すというコースをとる人が多いようである。

近江坂

人造湖の淡海湖

この平池から二〇分あまり歩いたところに、大正十二年（一九二三）に灌漑用に造られた人造湖である淡海湖がある。水の便が悪く水田の耕作ができなかったふもとの酒波・伊井・平ケ崎・構各村のため、平ケ崎で造り酒屋を営んでいた松本彦平が中心となり、多くの年月と労力を費やして造られた溜め池である。工事は途中、資金面の問題やずい道工事の困難さ、そして松本彦平の死去などによって、再三続行の危機に見舞われたが、彦平の遺志は息子の彦五郎に受け継がれ、地元の人々による更なる熱意のもと一〇数年にわたって続けられた。

淡海湖は、現在も満々と水をたたえ、ふもとの水田の大切な水がめとして維持管理が続けられている。周辺には散策道も整備され、初夏には付近一帯に咲くシャクナゲとともに、近江坂を歩く際の名所となっている。（山）

水坂峠《みさかとうげ》

福井県小浜と琵琶湖西岸の今津（滋賀県高島市）を結ぶ九里半街道の最高地点であり、一番の難所でもあったのが水坂峠である。また、近江と若狭の分水嶺であり、地勢的にみると県境の場所であるが、実際の県境は峠の少し西にある。

九里半街道は、その距離が九里半（約三七・五キロメートル）であることから名付けられたというが、実際には、九里半越、若狭街道、若狭道、巡礼道など、さまざまな呼び名が使われていたようである。道は国道三〇三号になり、峠付近を通っていたが、平成二年（一九九〇）の水坂トンネル開通に伴う国道ルートの変更のため、その峠付近を越える車道はほとんど使われることがなくなった。現在は、道路の脇に建つ「水坂峠」の標識がその場所を示すのみである。

峠の近江側の脇に位置する保坂《ほうざか》（高島市今津町）の集落は、九里半街道が若狭方面と京都方面へ分かれる場所で、分岐点には現在も安永四年（一七七五）建立の道標が建っている。京都から来た人にとっては「左わかさ道」、若狭から来た人にとっては「左　志ゆんれいみち」「右　京道」と見える。「志ゆんれいみち」とは、西国三十三所観音札所巡りの巡礼道のことで、この道は、第二十九番松尾寺から第三〇番竹生島宝厳寺への巡礼道でもあったことが分かる。

峠の西側の集落は、山中村（現・高島市今津町杉山）である。この地は江戸時代、山中関がおかれたところで、関の管理は領主である朽木氏が行っていた。明治初年までは「山中御番所」と呼ばれて存在していたが、現在は、関の建物があった場所も定かではない。

ただ、国道の下方には旧道が残り、旧道に沿って「番所の森」と呼ばれた場所や、関の役人の止宿で御茶屋と呼ばれた家の跡などがあり、往時の街道の面影を伝えている。（山）

保坂の旧道を示す石造道標

木地山峠《きじやま》

木地山峠は、福井県の上根来《かみねごり》（小浜市）と滋賀県の木地山（高島市朽木）を結ぶ峠道である。以前は盛んに使われた道らしく、木地山集落の人に聞くと、上根来までは四〇分ほどの道のりであったという。

木地山はその名のとおり、トチやブナ、ケヤキなどの木材をロクロで挽き、椀や盆などの木工品を作る木地師が住んでいたところで、木地師根源の地とされる蛭谷《ひるだに》（東近江市永源寺）に伝わる『氏子駈帳《うじこかりちょう》』にも登場する、木地師の主要な居住地の一つであった。集落内には、「ろくろ」「かじや」などの地名が残っている。

この木地山からは、四方へと広がるように峠道が発達しており、河内（福井県三方上中郡若狭町）へ越える駒ケ越、池ノ河内（福井県小浜市）へ抜ける池

木地山峠のお地蔵さま

ノ河内越、針畑《はりはた》へと出るシチクレ峠、そして上根来へ出る木地山峠と、かつては盛んな人の往来があったことがうかがえる。

峠道は、集落の過疎化とともに、歩く人も少なくなり、草木に覆われた状態になっていたが、近年、登山道の整備が進み、峠越えの道も近江側・若狭側ともに歩くことができるようになった。今では朽木周辺の山々の中でも、人気の高い峠探訪の道として知られている。峠道の脇には炭焼きの窯跡が残り、山とともに生きてきた人々の生活がうかがえるほか、トチの老木やブナの自然林など朽木の山ならではの見所も多い。（山）

根来《ねごろ》峠（針畑越）

滋賀県の西北端にあたる高島市朽木の針畑《はりはた》地域と福井県小浜市の上根来を結ぶ峠道である。別名針畑越とも呼ばれる。

この峠道は、近年は「鯖街道」のうちの一ルートとして有名で、特に最短ルートとして多くのガイドブックなどにも紹介されているコースである。「鯖街道」はいうまでもなく、小浜で陸揚げされた鯖を始めとする海産物を京の都へ運んだという道である。ただ、そのルートは人が荷物を背負いで運ぶ場合、荷車を牛馬に引かせて運ぶ場合、そして季節などによっても様々で、一言に「鯖街道」と言っても、実際に鯖が運ばれた道は実に多くのコースがあったことが分かっている。

その中の一つであるこの根来峠の道は、針畑に住む人々にとっては、つい最

峠に建つ祠と一石一字塔

近まで大変身近な道であったという。昭和三十年ごろまで、針畑の主な生業は林業であり、多くの人が炭焼きや木材を扱う仕事で生計をたてていた。その当時は、山の杉で作ったしゃもじなどの木製品を、根来峠を越えて小浜の町へ売りに行き、帰りには小浜でいろいろな買い物をして帰るのが楽しみだったのだという。また、逆に小浜から魚売りの人が来ることもよくあり、一日のうちで、この峠道を人が通らないことはなかったものだと、針畑に住む七十歳代の男性は語ってくれた。

峠には、祠にまつられた地蔵と、「大乗妙典　一石一字塔」と記された細い自然石が建っている。一石一字塔とは、偏平な小石等に経文を書写して埋納した場所に建てられるもので、刻銘からは寛政九年（一七九七）に針畑の住人である林彦大夫の書写・埋納によって建てられた一石一字塔であることが分かる。

峠の若狭側には、小さなお堂に祀られた地蔵と、山中には珍しい井戸がある。井戸は弘法大師がその場所を教えたという伝承が残り、多くの旅人が喉を潤したことが想像できる。人の往来が多かった時期には、この場所に茶店があったともいわれている。

また近江側の峠の入口に祀られる「焼尾地蔵」は、昔、針畑の村人が峠越えの行きの途中で、この地蔵に「俺の家を燃やすことができるか」と挑発すると、村人が帰るまでに自分の家が火事になっていた、という伝承から名付けられた。針畑の人々は、それ以来この地蔵の霊験を信じ、大切に守り伝えてきたのだという。昭和四十年代までは村人総出のお参りなどがあり、村人たちに親しまれ続けた地蔵であったことがうかがえる。(山)

丹波峠

滋賀県の最西端を流れる針畑川に沿っては、いくつかの山合いの集落が点在している。その中の一つである桑原（高島市朽木）と京都市の最東端の集落である久多《くた》を結ぶ峠が丹波峠である。

この道は、若狭から根来坂を越えてきた道が、針畑川沿いの道に下らずに、再び山稜の峠道へ入って久多（京都市左京区）へ向かうもので、現在の通行ルートとして考えられないコースであるが、川を避けて作られた山越えの道と考えればそれほど不思議はないだろう。京都方面へ南下するには、かなり直線的で無駄のない距離ではあるが、アップダウンの多いコースで、通常に使用されることは少なかったのではないかとも思われる。

ただ、戦国時代には急場での退却コースとして利用されることがあったよう

峠付近に残る御茶屋跡

である。織田信長が越前朝倉攻めで、浅井氏の裏切りにあい敗走したとき、徳川家康が信長軍とは別に退却ルートとして通ったのが、この道であったともいわれている。重装備の武将や馬が越えていったことから考えると、当時からかなり広い道が造られていたことになる。

久多は、千メートル近い山に囲まれた集落で、その地名が木地師根源の地として知られる蛭谷（東近江市永源寺）の『氏子駈帳』に見えることから、木地師など、山の仕事に従事する人々の住む集落であったことが分かる。木地師は材料となる良質の木材を求めて、山間の集落を渡り歩いていたともいわれ、おそらくは、周辺の地域から、この丹波峠を通って、久多地域に入ったのであろう。

現在、近江側の道は整備が進み、歩きやすい道がついている。表示には「鯖街道」とあり、この道も、若狭で水揚げされた海産物を京へ運んだ「鯖街道」の数あるルートの中の一つであったことが分かる。

残念ながら、京都側の道は廃道となっていて、久多まで抜けることはできないが、周辺の経ケ岳・三国岳などへもつながる登山コースの一つとして、近年は訪れる人も多くなっているようである。（山）

荒川峠

琵琶湖西岸、北国海道（西近江路）沿いの大物《だいもつ》（大津市）の集落と坊村《ぼうむら》（大津市）を結ぶ比良山系内の峠である。古くから生活や山仕事のため広い範囲で使われてきた比良山稜には、多くの峠道が発達していたと思われるが、今では、使われている峠道はほとんどなく、登山者用のコースとして看板等の設置がされているのみ、という峠が多い。この荒川峠付近にも、葛川峠、木戸峠といった並行に並ぶ峠がある。現在は、いくつかの峠を結ぶ形で、尾根上に登山コースが設定されており、登山者は、数々の峠を通りながら、比良山系を縦走するような形になる。

荒川峠を直に目指す場合は、大物の集落を抜けて湖西バイパスの高架をくぐったところが登り口になる。この荒川峠への道は、植林後の山仕事で使われている数少ない例で、現在も歩きやすい道が続く。途中には大岩から湧き出す水場があり、山仕事のする人たちの喉をうるおした湧水であったことがうかがわれる。ただ、峠を越えて葛川谷側への道は途中で廃道となっており、完全なコースで峠越えをすることは難しい。

一方、葛川峠は、縦走ルートで峠の頂上に行きつくことは容易であるが、峠道自体はほとんど消滅してしまっている。葛川峠を越える道はもともと谷道であった。上部の支流の大岩谷の天狗岩が石切場だったようで、そのためと思われる道がかすかに残っているが、現在は通る人もなく、荒れた状態になっている。途中には炭焼きの窯跡が残っているが、その窯も使われなくなってかなりの年月が経つようである。(山)

荒川峠の頂部

花折峠《はなおれ》

京都から途中峠を越えて近江に入り、途中の集落をぬけてつづらおりの坂道を上ると、次に越える峠が花折峠《はなおれ》である。高坂峠とも呼ばれた花折峠は、標高五八一メートルの若狭街道最大の難所であったという。

花折峠の名の由来について『近江輿地志略』は、「此の峠に手向けの花とて樒あり、葛川滝入の行者、ここにして件の樒を折取って斎戒す、是より奥、葛川までに樒かつてなし、故にこの処にて折りとるゆゑ花折峠とはいふ也」と記し、葛川明王院へ参籠する比叡山の回峰行者が、この場所で樒の花を折り取ったことによるものと伝えている。このことは、文保二年（一三一八）成立の「葛川彩色絵図」（『葛川明王院所蔵文書』）に、「途中里」から「甲坂堂」に至る間に「花折谷」の名称があり、そこには「奉山神花折在所也」と記されてい

舗装された花折峠の頂上付近

ることからも示される。また、「花折」の名称は建保六年（一二一八）の葛川常住僧賢秀陳状案に「自御堂南限花折谷」とあることから、早い段階で使われていた名称であったことが分かる。

葛川谷に住む人々にとって、この花折峠は、大津・京都方面へ向かう際に必ず越えなくてはならない交通の難所であり、近代に入ると、道路整備・トンネル開通に向け、住民の間でもさまざまな取り組みが行われた。その努力は、昭和五十年の花折トンネルの開通で実を結び、現在は京都市内まで約三〇分という整備された道路が続いている。通常の通行で峠を越える人や車はほぼなくなり、現在は峠越えのハイキングコース、また花折峠への滋賀県側の登り口は、比良山系・権現山への登山ルートの入口としても知られている。

峠越えの道は、近年までわずかに石畳みが残り、旧街道の面影を伝えていたが、平成十八年（二〇〇六）に行われた林道整備で全面アスファルト舗装となり、現在は峠の頂上付近の道路脇に「花折峠」の石碑が建つのみである。しかし、峠を登りつめた旅人がほっと一息入れて眺めたであろう、山あいに見える京都方面の眺望は、現在も楽しむことができる。（山）

花折峠から途中方面を見おろす

途中峠

京都と若狭の小浜を結ぶ最短路で、近年は鯖街道の名称でも知られる若狭街道の京都と近江の境に位置するのが途中峠である。途中越とも呼ばれるこの道は、中世には龍華《りゅうげ》越とも呼ばれ、天安元年（八五七）には龍華関がおかれたという古い歴史をもつ峠道である。現在は、国道三六七号となっており、峠の下には途中トンネルが開通している。

峠を越えて、近江側に入ると途中の集落である。集落の名称は、比叡山回峰行の行者が葛川参籠に入る際、この地が途中の休憩地であることにかかわるといわれている。途中集落は、比叡山天台修験の中心地無動寺と葛川明王院のちょうど中間にあたるといい、集落内には休憩所となる勝華寺《しょうげじ》がある。この寺は、途中之堂・途中堂とも呼ばれ、参籠前の行者がここで休憩し、葛川入りの

途中集落の三叉路

準備を整えるのだという。

この途中の地は、若狭街道と北国海道の堅田・和邇から分岐した道との合流地点になっており、街道が合流する三叉路には、安永七年(一七七八)に京都の桑村彦右衛門によって建てられた道標があった。「右　京道　左　堅田」と刻まれたこの道標は、車の衝突によって半分に折れ、残りの部分も近年撤去された。

途中は木材の産出地である葛川谷の入口に位置することから、元禄十五年(一七〇二)に幕府によって抜木改番所が設置されている。朽木谷二四カ村、葛川谷八カ村から切り出された木材を改め、十分の一の運上を徴収するためである。途中のほか、安曇川河口の船木(高島市)にも番所が置かれていた。運上が課せられたのは六尺以上の木材、竹類、白木等で、途中の村人が番所に詰めて抜木改めを行っていたという。

峠には、旅人が喉を潤したといわれる泉が現在も残っているが、街道跡である名残はほとんどない。ただ、集落は途中トンネルの開通によって、街道の中継点、旅人や行者の休息地として存在した、かつての静けさを少し取り戻したようにも見える。(山)

仰木《おうぎ》峠

仰木峠は、比叡山系の京都と滋賀の県境の鞍部に位置し、標高五七三メートルの比較的高い峠である。

峠は、大津市仰木と京都市左京区大原上野町を結び、古くは「篠峰越」ともよばれていた。宝暦四年（一七五四）の『山城名跡巡行志』には、「笹の峰越、摂取院（大原大長瀬町）南から、江州上仰木村に至る山道」とある。また、『太平記』によれば、南北朝時代の観応二年（一三五一）、兄の足利尊氏と不和になった足利直義は、追手を逃れて京都からこの峠を越えて北国へ落ちのびたとある。仰木峠は京都から北国への間道の一つであったことを物語っている。

史料ではないが村上元三の『源義経』では牛若丸が鞍馬から奥羽へのがれるときに、この峠道を通ったと記されている。すなわち

（前略）大原から登ること二十町ほどに、陽は頭の上にあった。にわかに眼界はからりと開け、牛若は峠の上に出た。『ここは仰木峠』と、そばから覚日が説明をして『この峠が山城と近江の国境』それを聞きながら牛若は、眼下に開けた風景を、眼を細めて見下ろしていた。いくつもの山々、峰々を越したはるか下に、びわ湖が真昼の陽を受けて、きらきらと光りながら横たわっている（下略）

と峠道の状況を綴っている。

江戸時代中期に著された『近江輿地志略』に、「仰木峠、山城の国大原に出るの路なり（中略）国界より大原に至って三里、路仰木村を過ぎる故に此号あり。仰木より大原二里半、馬道よきなり。国界から京へ三里なり」とあり、当時は馬でも通る道であったようだ。

峠道は仰木からはじまるが、上仰木の集落から仰木峠へ通じる道の分岐点に、「右元三大師道」と、そのそばに「右京大原　左元三大師道」と刻まれた石造道標がそれぞれ建てられている。この道標に従って左へ進めば比叡山横川への道に、右へ進むと仰木峠を越えて大原へ通じる道であることを示している。

この地点から峠道を登ると、峠近くの右手に鳥居があり、「滝壺」とよばれ

林間を通る仰木峠道

るところがある。これが山麓の仰木の集落にある鎮守の小椋《おぐら》神社の奥宮にあたり、仰木地域の水源（天神川）を守る水の神でもあった。この滝壺が同社の当初の鎮座地と伝える。

仰木峠頂上には、矢印で大原・仰木・横河元三大師道を示した石造道標があり、峠で三つの方向に道が分岐することを物語る。峠からはるか山あいの大原野を眺望することができる。

ところで、明治十三年（一八八〇）の『滋賀県物産誌』には、仰木村の特産として製茶三一二斤、干柿三一二五貫を産出し京都へ出荷とある。仰木の集落から峠を越えて京都大原上野町まで約二時間余りの峠道である。そのため峠の往来は早くから行われ、昭和二十年代まで仰木地域と大原地域の交易があった。仰木の滝川幸作さん（六六歳）の話によれば、子どものころ大原から反物、仰木は米・干柿・俵・莚《むしろ》と物々交換をしていたことを知っているし、大原とは以前から通婚圏であったと話されていた。

なお、比叡山横川《よかわ》から仰木峠を経て大原への道は、東海道自然歩道のルートにあたり、峠道筋の案内標識が完備している。（木）

仰木峠の頂上近くにある石造道標

山中峠（志賀越）

天智天皇勅願の崇福寺や桓武天皇が建立した梵釈寺などへの参詣ルートとして、すでに平安時代ころから多くの人に知られる峠道であったのが山中峠（志賀峠）を越える志賀越の道である。名称は途中で山中集落を通るので山中越とも、京都白川に向かうので白川越とも、また如意《にょい》越に対して今道越とも呼ばれたようである。

山中峠は京の白川と近江の坂本・滋賀里をつなぐとともに、琵琶湖西岸を通る北国海道（西近江路）へもつながる重要な峠道で、早くから多くの人の往来があったことは、数々の文献や歴史事実などから知ることができる。早い時期のものとしては、『日本後紀』弘仁六年（八一五）四月十二日条の、嵯峨天皇が崇福寺を経て唐崎に御幸しているという記録、また一〇世紀には女人の参詣ル

峠付近に残る旧道

ートとしても有名になったようで、『古今和歌集』には紀貫之が「しがの山ごえで女のおほく逢へりけるに」詠んだ歌として

梓弓《あずさゆみ》春の山辺をこえくれば　道もさりあへず花ぞちりける

を載せている。また『日吉社室町殿御社参記』には、応永元年（一三九四）に足利義満の日吉社参詣に備えて、延暦寺が道の造作および清掃を「今道之馬借《ばしゃく》」に命じたことが記される。

長享元年（一四八七）九月の足利義尚の遠征では、伊勢貞宗が数千人の軍勢を率いて山中越から坂本に入っているほか、『兼見卿記』には天正三年（一五七五）三月に織田信長が今道越（山中越）の京都側の修復を白川郷・吉田郷（京都市左京区）に、近江側の整備を山中郷などに命じ、幅三間の道の両側に松を植えて整備をさせたことが記されている。

このように山中峠は、参詣路として、また京都・大津・坂本・琵琶湖といった交通上主要な地に直結する峠道として、多くの人や物の通行があり、それに

山中集落の峠道にある石仏

伴ってたびたび道の補修や整備が行われたことなどがうかがえる。

近世になると、この道は小関越とともに、新しく大街道として成長した大津街道（逢坂越）の脇往環・間道として使用されるようになったが、通行量が極端に少なくなることはなかったと考えられている。江戸時代には、本街道を保護するために、山中越ルートでの俵物輸送は禁じられていたが、山中峠の道は京への最短ルートであったこともあり、たびたび俵物輸送が行われたという記録がある。

近江側からの峠の登り口は、滋賀里の集落である。京阪電鉄滋賀里駅近くの八幡神社の前には、大正四年（一九一五）に建立された道標がある。「坂本唐崎道、左近江朝廷崇福寺遺跡是ヨリ八丁、山中越京都道」と刻まれた高さ一・八メートルの道標は、山中越えの起点に相応しい。集落の中を抜けて峠を目指す道は、かなりの距離が舗装されてはいるものの、道沿いに祀られる地蔵や脇を流れる小川などがかつての風情を伝えている。また集落が切れるとすぐ右手に見えるのが六、七世紀の群集墳である百穴古墳群で、露出した状態のいくつかの石室を含め、約六〇基の古墳が確認されている。その先へ進むと、道端にお堂があり、地元の人に「おぼとけさん」と呼ばれる高さ三・二メートルの石仏が祀られている。室町時代作の温和な表情の石仏で、山道の入口に祀られるのは、やはり峠道の安全を守る道祖神の役割をもっていたからであろう。さらに進んで分かれ道になったところの丘上が天智天皇建立の崇福寺跡である。現在も金堂・講堂などの礎石を確認することができる。

分かれ道を左へ進む道が山中越の古道で、現在は整備された散策道が続いている。その後、左手に見える大岩に彫られた阿弥陀三尊像前を過ぎてしばらく進むと、道は砂利道から階段状の道になり「七曲り」と呼ばれる旧坂にさしかかる。この名称は、以前、急坂のために牛車が七曲りしながらやっと登ったことから名付けられたという。

「七曲り」を過ぎ、「よこての地蔵」と呼ばれる小さな地蔵の前を通ってしばらく進んだところが山中峠である。現在は、比叡山ドライブウェイをくぐるトンネルがついている。トンネルの脇には頭部のかけた「峠の地蔵さん」がまつられている。トンネルをぬけて、西方へくだる下る道が山中集落へ続く古道であるが、現在、この道は通行不可で、いったんは比叡山ドライブウェイ方向へ登る道をとることになる。

旧道は、山中の集落へ続いている。山中峠周辺の景観・環境は、昭和九年（一九三四）に山中越ドライブウェイ（現在の主要地方道下鴨大津線）が開通したこと、さらに昭和三十三年に比叡山山頂へ通じる比叡山ドライブウェイが開通したことによって大きく変化した。ただ、集落内には樹下神社、その脇にある「山の井戸」と呼ばれる井戸、また西教寺前にまつられる室町時代ころの薬師如来の石仏など、峠を越える人々に親しまれたであろう遺跡が点在している。

集落を過ぎてすぐのところが県境である。京都側もしばらく旧道をたどることができるが、一部は自動車道の改修により現在は、車道のみになっている部分がある。ただ、旧道沿いには、近江側と同じく、峠道の安全を祈る地蔵菩薩の石仏や道標などが数多く残されており、古くから多くの人や物でにぎわった峠道の姿を今もうかがうことができる。（山）

小関峠《こぜき》

小関峠の名称は、峠から南に位置する旧東海道の逢坂峠が大関とよばれて、それに対してその名称がつけられたのであろう。一般に小関峠というよりも、小関越という名で親しまれている。

小関峠への道は、大津側の北国に通ずる旧北国海道（西近江路）から山手に入り、峠を越えて大津市横木二丁目の旧東海道の結節点までの約八キロメートルの道のりである。

古くから小関峠は、京都と近江・北国を結ぶ間道として利用されてきた。道筋は東海道本通りの逢坂越とほぼ併行している。道の歴史は古く、奈良時代には大和から城陽・山科を経て北陸へめざす北陸道ルートとして、小関越が存在していたといわれる。

小関越の名称は、すでに鎌倉時代の『平家物語』にみることができる。同時代の『海道記』にも「四宮河原の渡りはしののめに通りぬ。小関をうち越えて、大津の浦をさして行く」とある。時代はくだるが、江戸時代の『京城勝覧』に「高観音の南より山間に入り、坂をこへて山科に出、京に帰る道なり、大津に出て京にかへるよりは近し」。『山城名跡巡行志』にも「自四宮の辻、左折至三井寺観音堂下ニ」とある。

また、貞享二年（一六八五）春、俳人松尾芭蕉は、京都から大津へ向かうときにこの道を通り、

山路来て何やらゆかしすみれ草（「野ざらし紀行」）

の句をよんでいる。小関越を通るたびに、かつての状況とは大きく変化しているもののこの句を思い出す。

小関越は、旅人だけでなく物資の運搬にも利用されていた。ちなみに、天保八年（一八三七）大津町の魚問屋・薪問屋・米会所などの年寄らが、北国・若

風情を残す小関峠道

狭ならびに近辺からの船積みの物資が、逢坂越以外の山中越・小関越の間道を通って京都へ運ばれたので訴えた。そのため幕府は小関越の通行を禁止する制札を小関越入口に立てているほどである。

いっぽう、小関越は西国三十三所の観音巡礼の道でもあった。小関越への道と三井寺への道の分岐点に、これを示す立派な石造道標（大津市指定文化財）がある。これには

（西）左　三井寺　是より半丁
（北）右　小関越　三条　五条　いまく満　京道
（東）右　三井寺

とある。道標の三面に行き先が刻まれていることは、道標の果たす役割の大きいことを物語る。道標の二面に刻まれた三井寺は、西国三十三所観音霊場の第十四番札所にあたる。札所は道標の地点から北へおよそ一〇〇メートルに位置している。三井寺は園城寺が正式名称であるが、札所は三井寺とよばれ一般によく知られている。

道標に三条・五条といった京の中心の行き先とともに、「いまく満」いわゆ

小関越を示す石造道標

る今熊野は、西国三十三所観音霊場第十五番札所をさしている。このことから三井寺と次の札所の今熊野を結ぶ巡礼道であることがわかる。前述したように小関越は、旧東海道に接するがその地に文政五年（一八二二）建立の「三井寺観音道　小関越」と刻まれた大きな石造道標もそれを証明しているといえよう。三井寺観音堂にある元和三年（一六一七）の絵馬にも、小関越を歩く人物が描かれている。また、江戸時代の儒学者若林強斎《きょうさい》は、青年時代、圓城寺五別所の一つ微妙寺《びみょう》僧坊で過ごし、二日ごとに小関越を通り京都の浅見絅斎《けい》の塾で学んだことはよく知られている。小関越沿いに強斎の墓がある。

小関越の名称は、その歴史を反映してよく知られていた。江戸時代中期の「大津町古絵図」に「小関越」の名称と道筋が、文化十二年（一八一五）の『近江名所図会』にも「こ世紀越京道」の字をみることができる。また、同十三年の『東海道分間延絵図』には、小関越の途中に道の左右に一里塚が描かれ、いかに利用されていたかをうかがわせる。

ところで、大津側の小関越の石造道標に導かれて、ゆるやかな山あいの峠道を歩む。その途中に左側に三井寺（園城寺）へ通じる細い山道もある。やがて峠の地蔵堂にたどりつく。安置されている地蔵尊は、峠道の拡幅工事のとき草むらに放置されていたが、「峠の地蔵さん保存会」が現在の場所に安置し、堂（喜堂）を建てた。建物の中に「会釈《えしゃく》して行き交う人ぞ小関越」と板書されていたのが印象に残る。峠から幅約一・八メートルの旧道を左に草原を見ながらくだると大津市藤尾奥町に出る。その合流地にも地蔵の祠があり、峠の出入口の目印となっている。東海道、京阪電鉄大津線を越えると前述した石造道標のある旧東海道に通じている。この道は高い峠道ではないうえに、名所も多く、現在「小関越ハイキングコース」として親しまれている。（木）

参考文献

『近江輿地志略』　寒川辰清編述（弘文堂書店　一九七六）
『淡海木間攫』（滋賀県立図書館　近江史料シリーズ　一八〇二）
『中近世古道調査報告　八風街道』（滋賀県教育委員会　二〇〇一）
『近江蒲生郡志』（蒲生郡役所編　一九二三）
『近江坂田郡志』（坂田郡役所編　一九一三）
『高島郡誌』（高島郡教育会編　一九一七）
『甲賀郡志』（甲賀郡教育委員会編　一九一五）
『新修大津市史　第一巻〜第十巻』　大津市編（大津市　一九七八〜八七）
『マキノ町誌』（マキノ町　一九八七）
『今津町史　第二巻』（今津町　一九九九）
『近江日野の歴史　第五巻』（日野町　二〇〇七）
『大津の道』　大津市史編さん室編（大津市　一九八五）
『近江歴史回廊　近江山辺の道』　淡海文化を育てる会編（サンライズ出版　二〇〇一）
『図説近江の街道』　木村至宏編（郷土出版社　一九九四）
『日本歴史地名大系　滋賀県の地名』　木村至宏共編著（平凡社　一九九一）
『近江の道標　歴史街道の証人』　木村至宏（京都新聞社　二〇〇〇）
『比良・朽木の山を歩く』　山本武人（山と渓谷社　一九九八）
『近江　湖西の山を歩く』　草川啓三（ナカニシヤ出版　二〇〇四）

『近江の峠　歩く・見る・撮る』　草川啓三（青山舎　二〇〇三）
『近江の峠』　伏木貞三（白川書院　一九七二）
『京・近江の峠』　京都新聞社編（京都新聞社　一九八〇）
『滋賀県の山』　米田実ほか（山と渓谷社　一九九五）
『近江　山の文化史』　木村至宏（サンライズ出版　二〇〇五）

写真撮影（数字はページ）

寿福　滋　表紙　見返し　口絵（1～8）　35　95　111　125　126　129　130　137　148　161　163
八杉　淳　19　39　51　55　59　61　65　69　73　75　79　83　87　99　103　105　107　115　117　121
山本晃子　133　138　146　148　151　154　159　161　165　173　175
木村至宏　31　43　47　183
佐々木晶子　29　181
加藤賢治　21　169　171

写真提供

滋賀県教育委員会　91
高島市教育委員会　141　142

あとがき

近江の地は、琵琶湖を中心に周りを山々に囲まれた典型的な盆地である。それらの山は中部地方に見られる標高二・三〇〇〇メートルといった高い山でない。伊吹山の一三七七メートルを頂点に鈴鹿・比良山系を除くと比較的低い山なみが形成されている。

そのうえ近江の地が、地形的に東日本と西日本を結ぶ要所に位置していることから、峠の発達が古代からみられた。そのために近江の地理的背景によって、山を越える峠道が東西南北いずれの方向にも数多くみることができる。

本書では、近江の峠道への案内書というよりも、その地にある峠道がいつごろから史書に登場し、人々の往来があったのか、地域とのかかわりなど峠のもつ役割に視座をおいて紹介したつもりである。執筆者いずれも峠の専門家でなく、浅学でまだまだ描き切っていないところが多々あると考えている。読者の忌憚のないご意見をいただければ幸甚である。

現在峠の上に立ってみると、かつての峠道が車道化、道の拡幅、舗装されたりして大きく様変わりしているところもよく見うけられる。しかし、地域と地域をつなぐ峠そのものの機能は継続されているといえる。近江のすべての峠道は紹介できなかったが、峠道が近江の歴史と文化の構築の一端を占めていることを垣間みていただければ幸甚である。

ところで、本書の刊行にあたって多くの方々にお世話になった。まずわざわざ現地に赴き、峠道の雰囲気を伝える見事な口絵写真などを撮影していただいた写真家寿福滋さんと、原稿編集に労を煩わした佐々木晶子さん（大津市歴史博物館）のご厚意に対し感謝を申しあげたい。

そして取材などでご協力をいただいた岡本寿幸・岩間一水・粂田美佐登・井上有貴・田井中洋介・滝川幸作・橋詰英樹・加藤賢治・前阪良洋の各氏、朽木村史編さん室・マキノまちづくりネットワークセンターの皆さんにお礼を申しあげたい。なお、本書は本年度の成安造形大学特別研究助成を受けたものである。

末尾ながら、刊行にあたって格別のご配慮とお世話になりましたサンライズ出版株式会社社長岩根順子さんに、ここに改めてお礼を申しあげる次第である。

平成十九年十月吉日

編者　木村至宏

■著者略歴

木村　至宏（きむら　よしひろ）

1935年 滋賀県生まれ。大谷大学大学院文学研究科中退。日本文化史専攻。
1990年 大津市歴史博物館初代館長。成安造形・大谷・京都橘女子・放送各大学非常勤講師を歴任。成安造形大学教授。
2000年 成安造形大学学長。2007年学校法人京都成安学園理事長兼任。

主な著書
　『日本歴史地名大系　滋賀県の地名』（共編著　1991年　平凡社）
　『琵琶湖　その呼称の由来』（2001年　サンライズ出版）ほか多数。

八杉　淳（やすぎ　じゅん）

1959年 兵庫県生まれ。仏教大学大学院文学研究科修了。日本交通史専攻。
草津市市史編さん室・教育委員会文化財保護課を経て、2007年草津市立草津宿街道交流館副館長。

主な著書
　『宿場春秋』（共著　2000年　角川書店）
　『近江八幡の歴史　第一巻』（共著　2006年　近江八幡市）ほか。

山本　晃子（やまもと　あきこ）

1970年 滋賀県生まれ。仏教大学大学院文学研究科修了。日本仏教史専攻。
今津町教育委員会町史編さん室を経て、2006年高島市教育委員会文化財課主任。

主な著書
　『今津町史　第一巻〜第四巻』（共著　1999年〜2003年　今津町）
　『京都・滋賀の隠れ里を行く』（共著　2005年　淡交社）ほか。

近江の峠道 ―その歴史と文化―　淡海《おうみ》文庫39

2007年11月25日　初版1刷発行

企　画／淡海《おうみ》文化を育てる会
編著者／木　村　至　宏
発行者／岩　根　順　子
発行所／サンライズ出版
滋賀県彦根市鳥居本町655-1
☎0749-22-0627　〒522-0004

印刷・製本／P―NET信州

ISBN978-4-88325-157-5 C0021

淡海文庫について

「近江」とは大和の都に近い大きな淡水の海という意味の「近（ちかつ）淡海」から転化したもので、その名称は「古事記」にみられます。今、私たちの住むこの土地の文化を語るとき、「近江」でなく、「淡海」の文化を考えようとする機運があります。

これは、まさに滋賀の熱きメッセージを自分の言葉で語りかけようとするものであると思います。

豊かな自然の中での生活、先人たちが築いてきた質の高い伝統や文化を、今の時代に生きるわたしたちの言葉で語り、新しい価値を生み出し、次の世代へ引き継いでいくことを目指し、感動を形に、そして、さらに新たな感動を創りだしていくことを目的として「淡海文庫」の刊行を企画しました。

自然の恵みに感謝し、築き上げられてきた歴史や伝統文化をみつめつつ、今日の湖国を考え、新しい明日の文化を創るための展開が生まれることを願って一冊一冊を丹念に編んでいきたいと思います。

一九九四年四月一日